ENGLISH GRAMMAR

英文法 どっちがどっち

伊藤和夫

単語の品詞がわかる本

1
(A) What is your **aim** in life?
(B) Henry **aims** to be a great scholar.

2
(A) The paper was torn in the **middle**.
(B) He is a man under the **middle** size.

3
(A) He **lived** to the age of ninety.
(B) I have never seen a **live** whale.

4
(A) My father is an **early** riser.
(B) My father rises **early** in the morning.

5
(A) In **after** years we never heard from him.
(B) We heard from him **after** years of silence.

6
(A) He put **on** a hat.
(B) He sat **on** the bench.

7
(A) The bell **rings** at seven.
(B) They **ring** the bell at seven.

8
(A) He respected **a teacher**.
(B) He became **a teacher**.

9
(A) He made Jean **a chair**.
(B) He made Jean **his wife**.

10
(A) They **praised** the picture *painted* by the child.
(B) A man *named* Fox **paid** for it.

11
(A) If I **am** not busy tomorrow, I *will call* on him.
(B) If I **were** not busy, I *would call* on him.

12
(A) **Being** honest at all times, *he is trusted* by everybody.
(B) **Being** honest at all times *is* not always easy.

13 (A) **Reading** *books* gives him great pleasure.
   (B) **Barking** *dogs* seldom bite.

14 (A) The population of a town is the number of *the people* **living** in it.
   (B) We are glad of *the examination* **being** over.

15 (A) **To master** anything *requires* effort.
   (B) **To master** anything, *you must* work hard.

16 (A) We could find *a taxi* **to take** us to the station.
   (B) We *took* a taxi **to get** there in time.

17 (A) He **didn't** *try* to look that way.
   (B) He tried **not** *to look* that way.

18 (A) I **didn't** read **all** of these books.
   (B) I **didn't** read **any** of these books.

19 (A) **During** *my stay* **in** *England*, I visited several old castles.
   (B) **While** *I* *stayed* in England, I visited several old castles.

20 (A) There's an old saying **that** you must have heard many times.
   (B) There's an old saying **that** time and tide wait for no man.

21 (A) **It** was a pity **that** John left school.
   (B) **It** was Harry **that** told the police.

22 (A) She will give me **what** *she has*.
   (B) She will give me **what** *money* *she has*.

23 (A) I *know* **where** he lived.
   (B) I remember *the house* **where** he lived.

24 (A) Please ask him **if** he can help us.
   (B) We're sure to succeed **if** he can help us.

英文法どっちがどっち
単語の品詞がわかる本

伊藤和夫

復刊ドットコム

まえがき

　高等学校で，英文法が独立の教科でなくなってから，しばらくたちました。その結果，名詞と動詞，自動詞と他動詞，目的語と補語のような，英文法の基礎になる用語がアヤフヤだったり，それについて全く知らない学生の数もふえています。一方，大学受験の段階での英語の授業は，そういう事項についての知識を前提として行われることが多いので，予備知識がないために，授業や学習の大部分がムダになってしまっている人の数も非常に多いのです。

　文法が軽視されたり排撃されたりするのは，イギリス人やアメリカ人は文法を知らなくても英語が使えるのだから，日本の学生にも文法はいらないという考え方に基いてのことなのですが，これは，我々にとって，英語が外国語であり，それを学ぶのが幼児期でなく，ある程度の年齢に達してからだというちがいを全く無視した暴論です。人間のどんな知識でも，一群の現象に包括的な名前をつけ，次にその名前を通して現象を考えてゆくという思考のプロセスと無関係なものはありません。それが人間に可能な対象認識の唯一の方法だからです。学習者が一定の年齢に達してからの語学の場合もその例外ではないのです。ひとつひとつの単語についてその品詞や用法を問い，文法用語で答えさせる問題が試験に出ないからといって，その学習を怠る人は，必ずどこかで学習ののびがとまるという形で大きなツケをはらうことになるのです。

　この本は，そういう基本の文法用語の内容が身につき，文法用語を通して，自分が英語学習の中で当面した問題を考えて行けるようになることを目的とした本です。各章の一般的説明を読んだあと，Exerciseの問題を解き，そのときの自分の思考のプロセスを，詳細な解説と比較することをくり返せば，自然に文法的な考え方が身につくように仕組んであります。全体をやり終えたあとでは，英語の内容が整理され，未知の英文に取り組む姿勢ができたことに気づくでしょう。その時，あなたの力は，確実に一

段上がったのです。

　ここでひとつ注意してもらいたいことがあります。それは，文法は「現象」を認識するための手段だということです。自動詞と他動詞，目的語と補語のような，我々が使っている文法概念は，決して絶対的なものではありません。最初に文法があり，それに基いて言葉ができたのではなく，現実に存在している言葉の理解と説明のために，文法があとからできたのです。従って文法は，言葉の大部分の事象の説明と理解のためには有効であっても，それですべてを説明しようとすると，必ずムリが生じます。文法が役立たない場面，そのリクツがかえって事柄の真相をおおいかくしてしまう場面があることを知って，そういうときには文法を離れて事柄自体の意味と約束に迫ろうとする姿勢もだいじです。

　文法用語は，慣れていない人には，縁遠く，扱いにくいと感じられるものですが，だからといって敬遠しないで，とにかく使ってみることがだいじです。最初から扱いやすい道具はありません。どんな道具も使っている間にしだいに手になじんできて，いつかは手放せなくなるのですが，文法用語もそれと同じです。まず使ってみることで，英語の性質がある程度分かり，それが反映して，道具自体が楽に使えるようになり，さらにそれによって対象の理解が深まるのが学習のあり方なのです。焦らずにじっくり取り組んで下さい。それは必ず大きな稔りにつながるのです。

　「易キニ就ク」というコトバがあります。最近の受験の英語は書店に行っても，安っぽい表題のついた単語集と熟語集，速効性を誇示する問題集だけがはばをきかしていますが，同じように「ヤス」ではじまる「安物買イノ……」という諺もあったことを忘れないようにしましょう。この本のような本格的な本を，ＩＣシリーズの第3弾として手がけることを恐れなかった「一竹書房」に敬意を表し，内容面を含めての校正に助力して下さった駿台予備学校の真山浩氏に感謝したいと思います。

　　　1993年　3月　　　　　　　　　　　　　　　　　　伊藤　和夫

Contents

まえがき ……………………………………………………………… 3
1 名詞 or 動詞？ …………………………………………………… 6
2 名詞 or 形容詞？ ………………………………………………… 10
3 動詞 or 形容詞？ ………………………………………………… 14
4 形容詞 or 副詞？ ………………………………………………… 16
5 形容詞 or 前置詞？ ……………………………………………… 20
6 副詞 or 前置詞？ ………………………………………………… 23
7 自動詞 or 他動詞？ ……………………………………………… 26
8 目的語 or 補語？ ………………………………………………… 30
9 直接目的語 or 目的補語？ ……………………………………… 34
10 過去 or 過去分詞？ ……………………………………………… 37
11 直説法 or 仮定法？ ……………………………………………… 40
12 現在分詞 or 動名詞？(1) ……………………………………… 45
13 現在分詞 or 動名詞？(2) ……………………………………… 49
14 現在分詞 or 動名詞？(3) ……………………………………… 52
15 (不定詞)名詞用法 or 副詞用法？ ……………………………… 57
16 (不定詞)形容詞用法 or 副詞用法？ …………………………… 61
17 文否定 or 語否定？ ……………………………………………… 65
18 部分否定 or 全体否定？ ………………………………………… 69
19 前置詞 or 接続詞？ ……………………………………………… 73
20 関係詞 or 接続詞？ ……………………………………………… 77
21 形式主語…名詞節 or 強調構文？ ……………………………… 80
22 関係代名詞 or 関係形容詞？ …………………………………… 83
23 名詞節 or 形容詞節？ …………………………………………… 88
24 名詞節 or 副詞節？ ……………………………………………… 92
　 とぅーるぼっくす(Tool Box)：名詞の特殊用法 ……………… 96
　 英文法ミニミニ事典 ……………………………………………… 98
　 Index ……………………………………………………………… 101

名詞 or 動詞？

1

(A) What is your **aim** in life?
あなたの人生の目的は何ですか。
(B) Henry **aims** to be a great scholar.
ヘンリーは，偉大な学者になることが目標である。

---

student という単語には，「学生」という名詞の意味しかありません。この単語が文章の中のどこにあっても，必ず名詞の働きをするわけです。**learn** という単語は，動詞の意味だけ。どこにあっても動詞の働きです。これらの単語がひとつの品詞しか持たぬこと，それが英語の理解を助けているのですが，上の表題文の **aim** のように，ひとつの単語が名詞にも動詞にもなれるときは，逆に文法の約束がその品詞を決める働きをします。**名詞**は数の変化はありますが，動かぬ言葉であることを特徴とし，**動詞**はその名の通り動く言葉，人称・数・時制に伴う変化，準動詞のさまざまな用法など，動く言葉であることを特徴にしています。それらを含めて，具体的に品詞はどうやって決まってゆくのでしょう。表題文の(A)では aim の前に所有格の your があること，your aim の全体が is の補語であることが，aim を**名詞**だと感じさせます。(B)では，Henry という名詞のあと，to─の前に aim があり，しかも，それに3人称単数現在の s がついていることが，aims が**動詞**であることの目じるしになっているわけです。単語自体の機能と，文法の約束が支えあうことで英語は成り立っているのです。Exercise では，aim のように名詞にも動詞にも使える単語だけを取りあげました。何が品詞を決めているのかに重点を置いて，考えてみて下さい。

Exercise 下線部が，(A)名詞か，(B)動詞かを言いなさい。

(1) Children grow strong in the country <u>air</u>.
(2) Will you open the window and <u>air</u> this stuffy room?
(3) The couple was walking <u>arm</u> in arm.
(4) They will never <u>arm</u> themselves with guns.

(5)　Is this sweater your own <u>make</u>?

(6)　Who is to <u>make</u> dinner this evening?

(7)　He just picked up any book that came to <u>mind</u>.

(8)　You had better <u>mind</u> what you say.

(9)　He thought about asking his boss for a <u>raise</u>.

(10)　They collected money to <u>raise</u> a tower in the town.

(11)　He holds the world <u>record</u> for the marathon race.

(12)　We <u>record</u> our thoughts and experiences in diaries.

(13)　He let the surprise <u>show</u> in his eyes only for an instant.

(14)　I have been judging village flower <u>shows</u> for nearly ten years.

(15)　The school <u>supplies</u> textbooks to the pupils.

(16)　They tried to stop <u>supplies</u> reaching the guerillas.

(17)　I'm sorry I've put you to so much <u>trouble</u>.

(18)　I'm sorry to <u>trouble</u> you, but can you tell me the time?

(19)　He knew nothing about how hearts <u>work</u>.

(20)　I can't leave <u>work</u> till five.

---

(1)　in the country で切ってしまっては，air が分からなくなります。country は**名詞**の **air** に対する修飾語。「名詞→名詞」の形です（⇒ p.96）。「子供は田舎の空気の中で育つと丈夫になる」。　……（A）

(2)　open (＝他動詞) the window (＝O) と **air** (＝他動詞) this…room (＝O) を，and が結んでいると考えられましたか。この air は「換気する」の意味。「窓をあけて，むしむしするこの部屋の空気を入れかえて下さい」。　……（B）

(3)　was walking のあとですから，**arm** は動詞でなく**名詞**と考えられるはず。「腕」の意味の arm に冠詞がついていないのは，arm in arm が熟語だからです。「2人は，腕を組んで歩いていた」。　……（A）

(4)　will という助動詞のあと，themselves の前ですから，**arm** は他動詞。themselves がその目的語。「自分自身を武装させる」→「武装する」。「彼らが銃で武装することは決してないだろう」。　……（B）

1 名詞 or 動詞？

(5) 動詞の make しか知らなくても，of your own のあとなら **make** は **名詞**に決まっていると考えられるのが学力。名詞の make は「製作」。「このセーターは，自分で作ったものですか」。cf. a car of Japanese *make*「日本製の車」。……(A)

(6) to **make** は to 不定詞。make は原形の**動詞**です。be to ―は，ここは助動詞としての使い方（⇨ p.57 脚注）。「今夜の食事は，誰が作ることになっているのか」。……(B)

(7) 前置詞の中で to だけは，(6)の to make のように，あとに動詞の原形が来て to 不定詞になる場合があって紛らわしいのですが，come to **mind** の mind は**名詞**。「心にくる」→「心に浮かぶ」。「彼は心に浮かんだ本は，何でもすべて取り上げてみた」。……(A)

(8) had better は熟語の助動詞ですから，あとにくる **mind** は**動詞**の原形。そう考えなければ，あとに what ではじまる名詞節（＝目的語）がいきなりぶつかっていることも説明できません。「言葉に気をつけたほうがよい」。……(B)

(9) a **raise** は，for という前置詞の目的語。a という冠詞もついています。もちろん**名詞**。「彼はボスに賃上げを頼むことを考えた」。……(A)

(10) **raise** が他動詞の原形，to 不定詞であることを，あとに a tower という目的語がいきなり出てくることが示しています。「彼らは，町に塔を建てるために，金を集めた」。……(B)

(11) holds the world で切るのは，あとの **record** が前につながりません。(1)と同様に，ここも「名詞→名詞」。holds の目的語は，the…record です。「彼は，マラソンの世界記録を持っている」。……(A)

(12) We が主語。our thoughts が目的語。名詞①＋動詞＋名詞②（名詞①≠名詞②）の構文（⇨ p.30）で，**record** は**他動詞**。(11)は récord ですが，こちらは recórd で，アクセントの位置が変わることに注意。「我々は自分の考えや経験を日記に記録する」。……(B)

(13) let＋目的語＋原形の**動詞**と考えられるかどうかがヤマ。a surprise test（抜き打ち試験）のような「名詞→名詞」（⇨ p.96）の言い方はあっても，ここはその解釈ではダメなのです。「驚きを見えさせる」→「驚きを示す」。「彼は，ほんの一瞬ではあるが，目に驚きを示した」。……(B)

(14) judging の目的語を village flower と考えては，意味も通りませんし，shows が残ってしまいます。ここは village → flower → shows （村の花の展示

会）と shows を**名詞**に読む所。「私は，村のフラワーショウの審査員を約10年つとめてきた」。 ……（A）

⒂　⑿と同様に名詞①＋動詞＋名詞②（名詞①≠名詞②⇒p.30）と読んで **supplies**（＜supply）は**他動詞**と考えます。-ies は3人称単数現在の s。「その学校は生徒に教科書を支給する」。 ……（B）

⒃　stop＋目的語＋―ing の構文で，**supplies** は**名詞**の supply の複数形。「彼らはゲリラに補給品が届くのを阻止しようとした」。 ……（A）

⒄　put you to **trouble** だけなら，trouble が名詞か動詞の原形かは判定しにくいのですが，ここは so much が前にあるので，この熟語の trouble は**名詞**と，簡単に分かります。「あなたに大変ご面倒をおかけしてすみません」。 ……（A）

⒅　be sorry to 不定詞の形。you は，**他動詞 trouble** の目的語です。「お手数をかけてすみませんが，何時か教えていただけますか」。 ……（B）

⒆　名詞節をまとめる how のあとですから，hearts（＝S） work（＝V）と読まなくてはいけません。「彼は，心臓がどうやって機能するのか，全然知らなかった」。 ……（B）

⒇　**work** は leave の目的語ですから**名詞**で「仕事の場所」の意味。「5時までは職場を出られない」。この問題は易しいのですが，He went to *work*.（彼は会社へ行った）の work が名詞だということは，あらかじめ知っていないと，ちょっと分からないでしょう。 ……（A）

2 名詞 or 形容詞？

(A) The paper was torn in the **middle**.
その書類はまん中で引き裂かれていた。
(B) He is a man under the **middle** size.
彼は背丈が並以下の男だ。

1 に続けて，名詞と形容詞の区別を考えます。**形容詞は補語になること**と，**名詞を前，時にあとから修飾すること**とを役目とする言葉で，比較変化があります。表題文(B)では，冠詞と名詞の間に middle があることが，middle が**形容詞**であることの目じるしになっている点に注目しましょう。(A)の **middle** は冠詞のあと，ピリオドの前ですから**名詞**。以下の Exercise でも，何が形容詞を名詞と区別する目じるしになるかに気を配って下さい。

Exercise　下線部が，(A) 名詞か，(B) 形容詞かを言いなさい。

(1) Don't get your feet wet, or you'll catch cold.
(2) She felt the air cold on her face.
(3) A table-tennis ball is roughly equal in size to a golf ball.
(4) He has no equal in eloquence.
(5) Moderate exercise will do you good.
(6) You look good in that dress.
(7) I wouldn't be the kind of man to do a thing like that.
(8) Would you be kind enough to write this letter for me?
(9) He has thrown so much interesting light upon the subject.
(10) It's beginning to get light outside.
(11) He was the first native of his town to go to Harvard.
(12) These are the plants native to the United States.
(13) I don't think it's right to leave the children alone in a house.
(14) You have no right to say such things to us.
(15) The thief forced the safe open.

[2] 名詞 or 形容詞？

(16) You are safe in believing that the news is true.
(17) They locked their valuables in the hotel safe.
(18) I am doubtful of the truth of his report.
(19) Only a handful of the people came to the meeting.
(20) There happened a traffic accident at the street corner yesterday.

---

(1) Don't get your feet wet は否定の命令法。get はここでは命令法の動詞で，your feet (=O)，wet (=C) の関係になります。or は命令法のあとですから，「あるいは」でなく，「そうしないと」。you'll catch cold の catch は他動詞。cold はその目的語になる単語ですから，**名詞**で「カゼ」。「足をぬらさないようにしなさい。さもないとカゼを引きますよ」。 ……(A)

(2) (1)の wet の品詞は何でしょう。第5文型のOとCの間には，SとPの関係がかくれているのが約束 (⇒ p.34)。Your feet *are* wet. ですから，wet は形容詞。この問題も felt the air (=O) cold (=C) の関係。The air *was* cold. を基礎に，cold は**形容詞**と考えます。「彼女は空気が冷たく顔にあたるのを感じた」。 ……(B)

(3) roughly は副詞で「およそ」。in size「大きさ〔の点〕で」が分かれば，is…equal…to のつながりが見えてきます。equal は**形容詞**。副詞で修飾されていることも，equal が形容詞であることを示しています。「卓球の球は，ゴルフの球と，ほぼ同じ大きさだ」。 ……(B)

(4) equal は has の目的語ですから，**名詞**でなくてはいけません。では，「平等な」でなく，「平等な（匹敵する）人」だろうと考えられるのが，たいせつな力。「雄弁にかけては，彼に並ぶ者がない」。 ……(A)

(5) you は代名詞。good は形容詞と考えようとしても，do を第5文型の動詞として使うことはできません。ここは do は第4文型の動詞で，you は間接目的語，**good** は「よいこと」の意味の**名詞**で直接目的語と考える所。do＋人＋good で「人」に「よい（ためになる）ことをする」の意味の熟語になります。「適度な運動をすればからだによい」。cf. It will *do* you no *harm*.「それは害にはならないだろう」。 ……(A)

(6) look は第2文型の自動詞で，**good** は補語になる**形容詞** (⇒ p.30)。「その服を着るときれいだよ」。cf. He looks *like* a banker.（彼は銀行家のように見える）。 ……(B)

② 名詞 or 形容詞？

(7) the のあと，of の前ですから，**kind** は**名詞**。名詞の kind は「種類」。「私はそんなことをするような〔種類の〕人間ではない」。 ……(A)

(8) enough to—の構文。enough という副詞（⇒ 4—(6)）があとから kind という**形容詞**にかかって，「…書くほど親切」の意味になっています。「親切」なら kindness ではないかと考える人は，間違い。日本語から英語を考えてはいけません。S＋be＋名詞の構文は，英語では常に I am a teacher. のような，主語＝補語の関係になるのが約束（⇒ p.30）。問題文のように，補語が主語の性質や状態を示すときは，be のあとは形容詞または形容詞相当語句になります。(1)(2)(3) で wet, cold, equal という形容詞が使われているのと同じ理由です。「どうぞこの手紙を代わって書いて下さいませんか」。 ……(B)

(9) thrown が他動詞。**light** はその目的語ですから**名詞**。much（副詞）→ interesting（形容詞）→名詞というつながりもそのことを示しています。「彼はその問題に，きわめて興味深い光を投げかけた」。 ……(A)

(10) get **light** を，「光を得る」と読むのでは意味が通りません。この get は自動詞で「…になる」の意。light は「明るい」という意味の**形容詞**。It が「明暗」を示して，「外は明るくなりはじめている」。a *light* metal「軽い金属」も覚えましょう。 ……(B)

(11) the first (＝形容詞) … of の点線部に入る言葉は**名詞**。「彼はその町生まれで最初にハーバード大学に入った人だった」。 ……(A)

(12) the (plants →) native でしょうか，the plants (← native) でしょうか。名詞が名詞を前から修飾するときは，単数無冠詞が原則（⇒ p.96）。**native** を**形容詞**に考える，あとの解釈でないと，意味も通りません。「これらは米国原産の植物です」。名詞を修飾する形容詞の位置は，原則として名詞の前ですが，この問題のように形容詞に修飾語がついたり，They are slow in understanding certain things, *things* both *great* and *small*.（彼らは大小を問わず，ある種の事柄がなかなか理解できない）のように，形容詞が重なったりするときは，形容詞が名詞のあとにまわり名詞（←形容詞）の形になるのです。 ……(B)

(13) it … to—の構文で **right** は「正しい」の意味の**形容詞**。「家に子供たちだけを残しておくことはよくないと思う」。 ……(B)

(14) have の目的語（⇒(4)）ですから **right** は**名詞**。「君には我々にそんなことを言う権利はない」。 ……(A)

2 名詞 or 形容詞？

(15) the (safe →) open でなく, the **safe**（＝名詞）open（＝形容詞）と考えられましたか。1 語の形容詞である open が the safe のあとにまわっているのは, この文が the safe (← open) でなく, the safe (＝O) open (＝C) という第 5 文型だから。「泥棒は金庫をこじあけた」。 ……(A)

(16) are のあとの **safe** が**形容詞**であることについては, ⇨(8)。「その知らせは本当だと思って間違いない」。 ……(B)

(17) -able という語尾は, 形容詞を作るのが普通ですが, この **valuables** は, their という所有格のあとですし, 複数を示す s もついているから**名詞**と考えられるのが, アタマの柔軟性。「彼らはホテルの金庫に貴重品をしまいこんだ」。名詞の valuables（貴重品）は, 複数形で使うのが普通です。 ……(A)

(18) は易しい問題。「彼の報告は本当かどうか疑わしい」。-ful という語尾も, **doubtful** が**形容詞**であることを示しています。 ……(B)

(19) -ful という語尾がつけば必ず形容詞といかないのが厄介な所。前の a が示すように, この **handful** は**名詞**。「会合にはほんのわずかの人たちしか出てこなかった」。 ……(A)

(20) atom*ic*（原子の）, dramat*ic*（劇的な）, publ*ic*（公の）のように, -ic というのは形容詞を作ることが多い語尾です。ところが **traffic** accident（交通事故）の traffic は, そうではなく, traffic は名詞なのです。*moderate* exercise（⇨(5)）のような「形容詞→名詞」と a *golf* ball のような「名詞①→名詞②」（⇨ p.96）の形は, 区別に悩むこともあるのですが, (a)前者では, 名詞と形容詞の間に S と P の関係がかくれているのが原則だが, 後者では名詞②＝S, 名詞①＝P の関係が成立しない, (b)形容詞には more...または -er の比較変化があるが, 名詞①にはそれがない の 2 つを, 区別の基準としてアタマに入れましょう。An accident *is trafffic*. とは言えないし, more traffic という形もないのです。「昨日, その街角で交通事故があった」。 ……(A)

3 動詞 or 形容詞？

(A) He **lived** to the age of ninety.
　　彼は90まで生きた。
(B) I have never seen a **live** whale.
　　生きているクジラは見たことがない。

　この項は，動詞と形容詞の区別の問題です。といっても，表題文で分かるように，両者は働きが大きくちがっているので，単語として知っていなくても，品詞の区別だけなら，前後関係から可能な場合も多いのです。(A)の**lived**は，主語のHeの直後で，-edで終わっていますから過去形の**動詞**に決まっていますし，(B)の**live**（[laiv]と発音します）は，冠詞と名詞の間ですから，名詞を修飾する**形容詞**ではないかと感じられて当然。Exerciseでは，みなさんがよく誤解する単語を中心にしましたが，こんなに簡単なことを，なぜ誤解したのだろうと思えるようになって下さい。

Exercise　下線部が，(A)動詞か，(B)形容詞かを言いなさい。

(1) Mother is busy writing Christmas cards.
(2) They busied themselves making small talk.
(3) Galileo Galilei made it clear that the earth turns round the sun.
(4) Use a filter to clear the water.
(5) He was accused of being too close to communist nations.
(6) The café has long since been closed.
(7) His spirit seemed to free itself from the bonds of the flesh.
(8) If you want more information on this, please feel free to ask us.
(9) We went to the museum last Wednesday.
(10) Their wages were not enough to last until the next payday.
(11) He longs for you to write him a letter.
(12) The lecture was one hour long.

3 動詞 or 形容詞？

(1) be **busy**（＝形容詞）—ing で，「—することにいそがしい」を示す形。「母はクリスマス・カードを書くのにいそがしい」。 ……（B）

(2) 主語の They のすぐあと，themselves という目的語の前，おまけに-ed がついているのだから，自分が今までに何を知っていようがいまいが，**busy** という動詞があるはずだと考えて辞書を引き，busy oneself —ing という熟語を見つけることを，勉強と言うのです。「彼らは世間話にいそがしかった」。 ……（A）

(3) made it（＝O） **clear**（＝C）の第5文型（⇨ p.34），It *was* clear that... がかくれていると考えられれば，clear が形容詞であることも分かるはず。「ガリレオ・ガリレイは，地球が太陽のまわりをまわることを明らかにした」。 ……（B）

(4) to **clear** を他動詞の不定詞と考えないと，あとにいきなり the water が続くことが説明できません。「水を澄ませるために，ろ過器を使いなさい」。 ……（A）

(5) being too **close** to... の中に，He was close（[klous]＝形容詞）to... がかくれています「彼は共産主義国と親しすぎると非難された」。 ……（B）

(6) has...been **closed** は受動態，closed は過去分詞ですが，close [klouz] の品詞は動詞です。「そのコーヒー店は閉店して久しい」。 ……（A）

(7) seem to のあと，itself の前ですから **free** は動詞（⇨(2)）。「彼の精神は，肉体の束縛から解き放たれたように思われた」。 ……（A）

(8) feel **free** は命令法。be free to—「自由に—する」の free は形容詞。be が feel に変わったと考えます（⇨ p.30）。「このことについてもっと知りたければ，どうぞ自由に尋ねて下さい」。The members are admitted *free*.「会員は無料で入れる」という，free の副詞の用法も覚えましょう。 ……（B）

(9) the museum は，前置詞 to の目的語。**last** Wednesday が名詞の副詞的用法（⇨ P.97）で，その目じるしになっているのが，last という Wednesday にかかる形容詞。「私たちは，この前の水曜日に博物館へ行った」。 ……（B）

(10) Their wages were not enough「彼らの給料は十分でなかった」とありますが，何に対して十分（enough）でなかったのでしょう。その内容を to 不定詞で示すのが，enough to—の構文。**last** は原形の不定詞。知らない人には意外かもしれませんが，「長もちする，続く」という意味です。「彼らの給料はわずかで，次の支払日までもたなかった」。He spoke *last*. の last は副詞です。 ……（A）

(11) 3人称単数現在の s がついていますから **longs** は動詞。for you は to write の意味上の主語。「彼はあなたが手紙を書いてくれることを待ち望んでいる」。……（A）

(12) He is thirty years *old*. というときの old は is の補語になる形容詞。is...old の点線部に副詞的用法（⇨ p.97）の名詞が入って，年齢を示します。問題文もこれと同じ用法で **long** は形容詞。The lecture was...long の点線部に one hour が入って，「その講義は，1時間の長さだった」。 ……（B）

形容詞 or 副詞？

4

(A) My father is an **early** riser.
　　父は早起きです。
(B) My father rises **early** in the morning.
　　父は，朝早く起きます。

　(A)の **early** は，冠詞のあと，名詞の前ですから**形容詞**。riser にかかります。(B)の **early** は，前にある動詞の rises を修飾する**副詞**。2と3でやったように，形容詞の役目は，①名詞を修飾すること，②補語になることです。これに対し副詞は，動詞・形容詞・他の副詞・句・文を修飾することを役目としています。両者の区別は，時に位置の問題もからんで，分かりにくいこともあるのですが，ここも Exercise を中心にやってみましょう。

Exercise　下線部が，(A)形容詞か，(B)副詞かを言いなさい。

(1) He had an amiable, <u>completely</u> inoffensive nature.
(2) It is not <u>likely</u> that he will live to ninety.
(3) He gave me <u>kindly</u> advice.
(4) He <u>kindly</u> showed me around the town.
(5) He did not have money <u>enough</u> to buy the book.
(6) The case is light <u>enough</u> for a child to carry.
(7) Such cultures are <u>fast</u> disappearing from the face of the earth.
(8) She boiled the eggs <u>hard</u>.
(9) She hit the ball <u>hard</u>.
(10) It is <u>just</u> no good asking God to make us happy.
(11) We hope to be <u>just</u> in our understanding of such difficult situations.
(12) Tomorrow will be too <u>late</u>.
(13) We went to bed <u>late</u> last night.
(14) We often see a flash of lightning <u>long</u> before we hear the thunder.
(15) She was as <u>pretty</u> as a picture.

(16)　I took <u>pretty</u> good care of it.
(17)　She wasn't <u>right</u> in her head when she made the will.
(18)　Sit down a second, and I'll be <u>right</u> with you.
(19)　"Are you busy?" "Not <u>very</u>."
(20)　You are the <u>very</u> man I have been anxious to see.

----

(1)　不定冠詞の an がかかる名詞はどれかと考えることからはじまります。ami-able は形容詞。**completely** inoffensive。表題文の early は，品詞と -ly という語尾の間に何の関係もありませんが，一般的には「形容詞＋ly」＝副詞。completely という副詞が inoffensive にかかって，「人の気にさわることが全くない」。nature が an のかかる名詞です。「彼は愛想がよく，人の気にさわることが全くない性質であった」。この文を訳してもらうと，completely を直接に nature にかけて，「完全で人の気にさわることがない性質」という訳が多くて困るのです。-ly がなにかのはずみでついているのではないことを確認して下さい。もうひとつ。She was a *lovely* girl.（彼女はかわいい少女だった）の lovely は形容詞。「名詞＋ly」＝形容詞と覚えましょう。　……（B）

(2)　**likely** は特別な単語。使われるときはたいてい形容詞で，一番多いのが He is not *likely to* live to ninety.（彼は 90 までは生きないだろう）に見られる，be likely to―の用法。これと同じことを，問題文のように It is not *likely* that ... とも言えるのです。　……（A）

(3)　**kindly** も特別な単語で，「思いやりのある，優しい」の意味の形容詞としても，「親切に［も］」の意味の副詞としても使われます。この問題の kindly は形容詞。「彼は私に親切な忠告をしてくれた」。kindly を副詞にとって，「親切にも忠告してくれた」ではどうしていけないのかと言う人は多いでしょうが，V＋O′＋O は密接な結びつきなので，O が名詞節であったり，修飾語がついて長くなったりしないかぎり，V を修飾する副詞を O′ と O の間には入れないのが原則。従って kindly → advice と感じられるのです。　……（A）

(4)　の **kindly** は，主語と動詞の間という位置から言って，当然 showed にかかる副詞。「彼は親切にも私に町を案内してくれた」。　……（B）

(5)　③の (10) でやった Their wages were not *enough* to― の enough は名詞で were の補語でしたが，この問題の **enough** は，前の money にかかる形容詞。語順を変えて *enough money* to― と書くこともできますが，どちらの場合も「何」に「十分」であるかを to― が説明するという構造は変わりません。「彼にはその本

4 形容詞 or 副詞？

を買うだけのお金がありませんでした」。　　　　　　　　……(A)

(6) The case は箱。light を「光」や「明るい」では意味が通りません。この light は「軽い」という形容詞（⇒2—(10)）。enough は light にかかる副詞です。形容詞や副詞に enough がかかる場合は，常に「形容詞（副詞）← enough」の語順になります。enough light とは言わないことに注意。「その箱は，子供が持てるほど軽い」。　　　　　　　　……(B)

(7) are disappearing fast なら「現在進行形＋副詞」であることは簡単に分かるでしょう。問題文の **fast** は，disappearing の前にまわっていますが，副詞であることに変わりはありません。「そのような文化は，地球の表面から急速に消滅しつつある」。同じ fast でも，He is a *fast* runner.（彼は走るのが速い）の fast は，もちろん形容詞です。　　　　　　　　……(B)

(8) は，「彼女は卵を固くゆでた」の意味。The eggs *were* hard. が成り立つことで分かる（⇒ P.34）ように，第5文型の文です。**hard** は「固い」の意味の形容詞で，目的補語。cf. He is a *hard* worker.（彼はよく働く）　　……(A)

(9) は，「彼女はボールを強く打った」。「ボールを固くした」わけではありません。The ball *was* hard. が今度は成立しないことで分かるように，hard は hit にかかる副詞です。cf. He works *hard*.　　　　　　　　……(B)

(10) It は，あとの asking という動名詞を受ける形式主語。just を形容詞で is の補語と読むのでは no good の働く場所がなくなります。It is no good が中心で，**just** は no を強める副詞の役目をしています。「幸福にして下さいと神様に頼んでも，全く何の役にも立たない」。　　　　　　　　……(B)

(11) 今度は be…in our understanding ではつながりがありません。**just** を「正しい」の意味の形容詞で be の補語と読む所。in は「…の点で」の意味。「こういう難しい事態の理解には公正でありたい」。　　　　　　　　……(A)

(12) Tomorrow が will の主語。「明日では遅すぎるだろう」という全体の意味がひらめかないと，難しかったかもしれません。**late** は be の補語になる形容詞です。　　　　　　　　……(A)

(13) We went to bed に **late** という副詞と，last night という副詞的用法の名詞（⇒ p.97）がかかっています。「私たちは昨夜は遅く寝た」。I haven't seen him *lately*.（最近彼に会っていない）に見られる lately ももちろん副詞ですが，こちらは意味が変わって，「最近，近ごろ」であることに注意。　　……(B)

(14) **long** の位置は，a flash of lightning のあとで before S＋V の前です。この場面で long が，形容詞として lightning や flash を修飾するはずはありませんか

4 形容詞 or 副詞？

ら，long はもちろん**副詞**，しかし，long のかかる所はどこでしょう。see にかかると考えて「稲妻のひらめきを長い間見る」と解釈した人は，すぐそのおかしさに気づかなくてはいけません。空全体を一瞬明るくするが，次の瞬間には必ず消えてしまうのが稲妻の性質。この long が修飾しているのは，before ではじまる副詞節の全体なのです。「雷鳴を聞くずっと前に稲妻のひらめきが見られることが多い」。long が前の動詞にかかる次の文と比べて下さい。We had not waited *long* before he came.「あまり長く待たないうちに彼がやってきた」。 ……(B)

(15) She was のあとの部分で中心になっているのは **pretty** という**形容詞**。それを as ... as a picture という比較の形が修飾しています。「彼女は絵のようにきれいだった」。 ……(A)

(16) took ... care of は見えたでしょう。good はもちろん care にかかる形容詞。「十分な配慮をした」ですが，pretty を同じように care にかけて「きれいな配慮」では分かりません。**pretty** が「かなり；相当に」の意味で**副詞**として働く場合があることを思い出しましたか。「私はそれに，かなりの配慮をした」です。 ……(B)

(17) She wasn't **right** in ... は，(11)の We ... be just in our understanding ... と同じ構造の文で，right は「健全（正常）な」の意味の**形容詞**（⇒ 2 —(13)）。「彼女はその遺言をしたときに，頭がまともでなかった」。 ……(A)

(18) Sit down a second の a second は，名詞の副詞的用法（⇒ p.97）。「ちょっと座っていて下さい」。and は命令法のあとだから「そうすれば」ですが，be right を(17)のように読むのではうまくゆきません。ここは，be with you が中心。**right** は「すぐに，ただちに」の意味の**副詞**なのです。「ちょっと座って待っていて下さい。すぐ来ますから」。 ……(B)

(19) "Not **very**." は前を受けて，"I am not very *busy*." の意味ですから，very は busy を強める**副詞**。「おいそがしいですか」「それほどでもありません」。 ……(B)

(20) the **very** man の very は，冠詞と名詞の間の単語ですから，副詞でなく**形容詞**であることは簡単に分かります。形容詞の very を「非常な」と訳すのは誤り。ここまでは簡単なのですが，そこから先の「ではどう訳すか」という問題が難しい。辞書はもちろん色々な意味をあげていますが，ここは，the very＋名詞を，「名詞[それ]自体」と考えるとらえ方を覚えましょう。この問題なら「あなたは，... 人自体です」から，「あなたこそ[まさに]私が会いたいと思っていた人です」と考えてゆくのです。man と I have の間は，to see の目的語になる関係代名詞の省略です。 ……(A)

5 形容詞 or 前置詞？

(A) In **after** years we never heard from him.
彼からは，その後何年も手紙が来なかった。
(B) We heard from him **after** years of silence.
何年ぶりかで彼から手紙が来た。

(A) years は名詞。名詞は文の中で，動詞の主語・目的語・補語，前置詞の目的語になることを，基本の用法とする言葉です。many を加えて *many years* としたらどうでしょう。many は形容詞ですが，(形容詞→) 名詞になっても many years が文全体の中でする働きは，years を1語で使った場合と変わりません。表題文(A)の中の **after** はこの many と同じように働いています。(after →) years の全体が，in という前置詞の目的語になっているわけですから，after の品詞は，many と同じ**形容詞**です。

(B)はどうでしょう。(after →) years と考えるのでは，years を We heard from him につなぐ言葉がなくなります。この **after** は形容詞でなく，**前置詞**。これが大切なことなのですが，after は前置詞，years は名詞であっても，after years の全体が文の中でする働きは，そのどちらでもありません。酸素と水素が化合すれば，そのどちらともちがう性質を持った水ができるのと同様に，after years の全体は heard from him を修飾する**副詞句**に変わるのです。years のあとの of は前置詞，silence は名詞ですが，of silence の全体の働きがそのどちらでもないことは after years の場合と同様。ただし，of silence は years という名詞を修飾しますから，その働きは**形容詞句**です。

形容詞としても前置詞としても使える単語は，ごくかぎられていますが，その中には，次の like や worth のように，辞書によっては「目的語をとる形容詞」と考えられているものもあります。しかし，ここでは「名詞に直接かかるか」，「名詞を目的語にとるか」を区別の基準として，前の場合を一律に形容詞，あとの場合を一律に前置詞と考えることにします。

5 形容詞 or 前置詞？

Exercise 下線部が，(A) 形容詞か，(B) 前置詞かを言いなさい。

(1) The Eskimos build fires <u>inside</u> snow huts and use oil lamps for light.
(2) He reached into his <u>inside</u> jacket pocket.
(3) England was <u>like</u> this when I was a child.
(4) What does an airship look <u>like</u>?
(5) The time draws <u>near</u> Christmas.
(6) It will become possible in the <u>near</u> future.
(7) He has no occupation <u>outside</u> his office work.
(8) We shall need <u>outside</u> help for this job.
(9) The car disappeared <u>round</u> the corner in a moment.
(10) They made a <u>round</u> tour of Europe.
(11) He could find a <u>worthy</u> successor to his enterprise.
(12) His statement is <u>worth</u> serious examination.

---

(1) build の目的語が fires と読めていれば，(inside →) snow huts「内部の雪の小屋」と名詞中心に読むのでは，snow huts が前につながらないことが分かります。**inside** は**前置詞**。snow huts がその目的語。「エスキモーは，雪の小屋の内部で火をたき，石油ランプを灯火として使う」。 ……(**B**)

(2) his ... pocket というつながりが見えれば，所有格...名詞の点線部にとじこめられた **inside** は pocket に対する修飾語の**形容詞**としてしか働けないことが分かるはず。「彼は上着の内ポケットに手を入れた」。Come *inside*.（中へ入りなさい）というときの inside は副詞であることに注意。 ……(**A**)

(3) この文が「イギリスは ... 好きだった」と見える人は，中学卒の英語力があるかどうかあやしいことをまず知って下さい。was like ... ですから，**like** はもちろん**前置詞**。「私が子供のころの英国はこんなふうであった」。 ……(**B**)

(4) 文の最後に **like** があります。**前置詞**と考えようとしても目的語がないように見えますが，これは An airship looks *like something*. の something が疑問代名詞の what に変わっているため。「飛行船は何に似ているか」→「飛行船って，どんなかっこうしてるの」。(3) も (4) も like は前置詞ですが，Respond in a *like* man-

[5] 形容詞 or 前置詞？

ner to the following questions.（次の質問に同様なやり方で答えなさい）のように，like を本来の形容詞として使うことは少ないと思って下さい。　……（B）

(5)　draw は「近づく」の意味の自動詞。「近くのクリスマスを引っぱる」のではありません。「クリスマスのそばに近づく」のですから **near** は**前置詞**。「時節はクリスマスに近づいている」。　……（B）

(6)　(2)の所有格…名詞の場合と同様に，冠詞…名詞の点線部に閉じこめられた単語が，前置詞として働くことはありません。**near** は future にかかる**形容詞**。「それは，近い将来に可能になるだろう」。　……（A）

(7)　all his(the) books の all は，所有格（定冠詞）の前からあとの名詞にかかっていますが，一般の形容詞がこういう形で名詞にかかることはありません。**outside** が**前置詞**ですから，outside…work を前につないで読めるのです。「彼は会社の仕事のほかには職業を持っていない」。　……（B）

(8)　need は他動詞，help が目的語だから，**outside** は help にかかる**形容詞**と考えます。「この仕事には，外部からの援助が必要になるだろう」。なお，He played *outside.*（彼は外で遊んだ）の outside は副詞です。　……（A）

(9)　(7)でやった規則がさっそく役に立ちます。**round** the＋名詞ですから，round は the corner を目的語にする**前置詞**。round the corner が disappeared にかかる副詞句。「車は，あっという間に，角を曲がって見えなくなった」。
　　　　　　　　　　　　　　　　　　　　　　　　　　　　　　　　　……（B）

(10)　これも，(6)でやった「冠詞…名詞」の規則を知っていれば簡単。a と tour の間ですから，**round** は形容詞に決まっています。「彼らはヨーロッパ一周旅行をした」。　……（A）

(11)　今までの問題とちがって，**worthy** は常に**形容詞**。前置詞としての用法はありません。この問題では，位置も冠詞と名詞の間です。「彼は，事業に立派な後継者を見つけることができた」。　……（A）

(12)　statement＜state（述べる）。worth は前置詞か名詞（cf. What is the *worth* of the house? その家の価値はどれほどか）。本来の形容詞としての用法はありません。問題文の **worth** は，「…の価値（値打ち）がある」という意味の**前置詞**。「彼が述べたことは，真剣に考えてみる値打ちがある」。The book is *worth reading.*（その本は読む値打ちがある）のように，worth の目的語が動名詞になる文では，主語が動名詞の目的語を兼ねることになるのに注意しましょう。　……（B）

6 副詞 or 前置詞？

(A) He put **on** a hat.　彼は帽子をかぶった。
(B) He sat **on** the bench.　彼はベンチに座った。

　He put a hat **on** *the head.*（彼は頭に帽子を乗せた）という文の on は前置詞，the head がその目的語となる名詞です。ただし，on the head という句が文全体の中でする働きは，前置詞でも名詞でもありません。put にかかる副詞句です（⇒ p. 20）。

　帽子をかぶるのは頭に決まっていますから，この文は the head を捨てて，He put a hat **on.** と言うこともできます。この on については，前置詞だが，あとの the head が省略されているなどという面倒なことは言いません。on は1語で，on the head と同じ働きをしているわけですから，on は**副詞**で put にかかると説明します。やっかいであると同時に重要なのは，in, on, up, down, off, over のようなこの種の副詞は，目的語が名詞のとき，副詞が動詞に引きつけられて前に出る，つまり，表題文(A)のように，

　　　He *put* **on** a hat.（他動詞＋副詞＋目的語）

となることがあって，その場合には，表題文(B)の He sat **on** *the bench.* という**自動詞＋前置詞＋目的語**の構文と，外見上の差がなくなることです。
他動詞＋副詞＋目的語か，**自動詞＋前置詞＋目的語**かを見分けるのは，最初の間は意味に頼るしかありません。He climbed **up** a tree. は「木の上のほうへのぼった」だから up は**前置詞**，He put **up** a flag. は「旗の上のほうに置いた」のではなく，「旗を上のほうに置いた」→「旗を掲げた」だから up は**副詞**と考えるわけです。しかし，ある程度学力がつくと，「動詞＋目的語＋副詞」の形への言いかえが可能かどうかを手がかりにできるようになります。He climbed a tree *up.* とは言えないから up は前置詞，He put a flag *up.* と言えるから up は副詞と考えるのです。

　もうひとつ大切なことがあります。動詞＋目的語＋副詞，動詞＋副詞＋目

6 副詞 or 前置詞？

的語という2つの言い方ができるのは，目的語が名詞の場合にかぎられます。目的語が代名詞のときは，**動詞＋代名詞＋副詞**の語順にしなくてはいけません。表題文(A)でit＝a hatのときは，He put **it on.**だけが正しく，He put *on it.*とは言えないのです。

Exercise　下線部が，(A)副詞か，(B)前置詞かを言いなさい。

(1) A great change has come about since the war.
(2) The revolution brought about many changes.
(3) When Charles couldn't get work, he wandered about the city streets.
(4) A heavy rain fell and washed away the smog.
(5) The earthquake put back the development of the city by ten years.
(6) Firemen broke down a wall to get to the family.
(7) The young salmon stay in fresh water for some time. In a year or two they go down the river to the sea.
(8) He is very ill. Call in a doctor at once.
(9) The bed which I sleep in is comfortable.
(10) How does such a heavy plane get off the ground?
(11) They had to put off their departure on account of heavy storm.
(12) New Year's Day fell on Sunday this year.
(13) Be sure to put out the light before you go to bed.
(14) It is raining now, but I'm sure it'll clear up tomorrow.
(15) We sailed up the river in a small boat.

------

(1) は小手調べの問題。**about** のあとに目的語になる名詞がない以上，aboutは**副詞**に決まっています。come about（＝happen）は，「動詞＋副詞」が自動詞と同じ役目をする熟語。「戦後大きな変化が生じた」。　　　　　　　……(A)

(2) bring **about**「…をもたらす（引き起こす）」が，come about とペアになる熟語。動詞＋**副詞**が，(1)とはちがって他動詞と同じ役目をしています。「革命に

— 24 —

6 副詞 or 前置詞？

よって多くの変化が起こった」。cf. What *brought* the quarrel *about*?（どうしてその争いは起こったのか） ……（A）

(3) の **about** は，「…のあちこちを」の意味の**前置詞**。「仕事が見つからないときには，チャールズは街路をあちこちうろつきまわりました」。 ……（B）

(4) は，(1)とは別の意味で易しい問題。**away** は副詞として使うだけで，前置詞として使うことはないからです。「大雨が降って，スモッグを洗い流した」。cf. People ran *away from* the flood waters.（人々は洪水から逃げた） ……（A）

(5) **back** にも，前置詞の用法はありません。「地震が，その市の発展を10年遅らせた」。cf. Put all the papers *back in* the files.（書類を全部ファイルにもどせ） ……（A）

(6) 「家族の所へ行きつくために，消防士は壁をこわした」。**down** は「下方へ」の意味で broke にかかる**副詞**。 ……（A）

(7) 「鮭の子どもはしばらく淡水の中にとどまるが，1，2年もすると，川を下って海に出る」。**down** は**前置詞**。the river が省略されて down が副詞となる We sailed *down to* the sea. と比較して下さい。 ……（B）

(8) 「彼は重い病気だ。すぐ医者を呼びなさい」。「医者の中で呼ぶ」のでなく，「医者を中へ呼ぶ」のですから **in** は**副詞**。 ……（A）

(9) **in** のあとに何もないから in は副詞と早合点してはいけません。(8)とちがって，この **in** は，前の which を目的語にする**前置詞**。cf. This evening I am going to eat *in*（＝副詞）.（今晩はうちで食事をする） ……（B）

(10) 「あんなに重量のある飛行機が，どうやって離陸するのだろう」。「地面を（から）離れて飛び立つ」のですから，**off** は**前置詞**。 ……（B）

(11) put off… が「…を延期する」という意味の熟語になるのは，「…を（予定から）離して置く」が原義。**off** は**副詞**です。「大雪のために彼らは出発を延期しなければならなかった」。 ……（A）

(12) 「今年の元旦は日曜日に当たった」。「…の上に落ちた」のですから **on** は**前置詞**。 ……（B）

(13) **out** は**副詞**。前置詞として使われるのは，go *out* the door（ドアから出る）などの特別な場合だけです。「寝る前に必ず灯を消しなさい」。 ……（A）

(14) tomorrow が副詞ですから **up** は**副詞**。「今は降っていますが，きっと明日は晴れるでしょう」。 ……（A）

(15) 「川の上の方へ行く」のですから **up** は**前置詞**。「私たちはボートで川をさかのぼった」。 ……（B）

7 自動詞 or 他動詞？

(A) The bell **rings** at seven.
　　7時にベルが鳴ります。
(B) They **ring** the bell at seven.
　　彼らは，7時にベルを鳴らします。

　自動詞と**他動詞**の区別は，英語の授業では自明のことのように前提されている場合が多いのですが，その区別は決して簡単なことではありません。文法書にはよく，「目的語をとる動詞を他動詞，とらない動詞を自動詞という」と定義されていますが，では「目的語」とは何かと調べると「動詞のあらわす動作の対象を示す語句」だと書いてあるだけです。I visited *him*.（私は彼を訪ねた）という文のhim はたしかに，「訪ねる」という動作の対象を示していますが，それなら I called *on him*.（私は彼を訪ねた）の on him も同じこと。visited は他動詞なのに called は「動作の対象」を示す語句が続いていても，なぜ自動詞なのかは，上の定義からは説明できないのです。

　自動詞と他動詞の区別は，英語の勉強の上ではとても大切なことで，その理解は絶対必要なことなのですが，こういう基本的なことは，一度にすべてを理解しようとしてもムリ。まず当面の区別に役立つ簡単な定義から入り，その定義を使って考えているうちにしだいに理解が深まって，より高度の定義がムリなく受け入れられるという手順をふまないと，うまくゆかないのです。そこで，ここではまず，表題文(A)のように，**主語と動詞**（S+V）のあとにいきなり名詞が続かなければ，その動詞は**自動詞**だということにしましょう。at seven のような「前置詞＋名詞」が続くだけなら，自動詞と考えるわけです。(B)のようにいきなり名詞が続く場合，つまり**主語＋動詞＋名詞**なら，動詞は**他動詞**と定義できると簡単でいいのですが，そういかないのがやっかいな所。主語＋自動詞＋名詞という形はあるのですが，それは，次の章にゆずって，この章では，動詞のあとの名詞の有無だけに焦点をあてて，名詞があれば他動詞としてみます。あとは Exercise で具体的にやりましょう。

7 自動詞 or 他動詞？

Exercise 下線部が, (A)自動詞か, (B)他動詞かを言いなさい。

(1) The mother <u>lay</u> beside her baby on the bed.
(2) Many oranges have <u>fallen</u> to the ground.
(3) He could not <u>account</u> for his foolish mistake.
(4) This dress should <u>sell</u> at a high price.
(5) The actress suddenly <u>became</u> beautiful and popular.
(6) The female salmon makes a hole in the bottom of the river and <u>lays</u> their eggs.
(7) The company <u>suffered</u> a 15 % drop in sales.
(8) The meeting will <u>take</u> place tomorrow.
(9) English is <u>spoken</u> in many parts of the world.
(10) What is this plant <u>called</u> in English?
(11) Go back a few steps, or you may get <u>hurt</u>.
(12) Your nose can <u>pick</u> up the smell of things.
(13) We want to <u>get</u> from these books the deep pleasure that they are able to give.
(14) The male salmon fertilizes the eggs which the female has <u>laid</u>.
(15) I have two important phone calls to <u>make</u>.

---

(1) **lay**のあとが,「前置詞…」だけで, 目的語になる名詞がありません。lay は**自動詞** lie の過去形。「母親はベッドで赤ちゃんのそばに横になった」。……（A）

(2) も **fallen** のあとが「前置詞…」だけですから, fallen は**自動詞**。have fallen は「現在完了形」ですが, 自動詞・他動詞の区別と,「完了形」,「進行形」などの時制の変化とは関係がありません。もとになる fall が自動詞なら, 現在進行形でも過去完了形でも, fall はやはり自動詞です。……（A）

(3) 「彼は自分の愚かな誤りを説明できなかった」。他動詞は「SはOを…する」だと覚えている人は, 簡単にこういう問題に足をすくわれて,「…を説明する」だから account は他動詞だと考えることになりますがそれではダメ。日本語でどういうかより, 英語自体の組み立てのほうが先。for … は「前置詞…」です

— 27 —

7 自動詞 or 他動詞？

から **account** は**自動詞**。account for＝explain を基礎に account for を熟語の他動詞と教わった人もいるでしょうが，それは別の次元の話。教わるほうも教えるほうも，基本知識がかたまらぬうちに，クルクル基礎概念を変えるから分からなくなってしまうのです。　　　　　　　　　　　　　　　　　　　……(A)

(4) He *sold* this dress.（彼がこの服を売った）の sold は this dress を目的語にする他動詞ですが，問題文の **sell** は，あとに目的語がなく，前置詞…だけ。よく見ると，主語も，売る「人」でなく，売る「物」に変わっています。この sell は「売れる」という意味の**自動詞**。「この服は，高い値段で売れるはずだ」。……(A)

(5) **became** のあとが形容詞。**動詞＋形容詞**の構文の動詞は**自動詞**です。「その女優は，突然美しくなり，人気が出てきた」。　　　　　　　　　……(A)

(6) (1)の lay とちがって，この問題の **lay** には s がつき，あとに前置詞なしで their eggs という名詞が続いています。こちらの lay は，**他動詞** lay の現在形。「横たえる」から「産む」。「メスの鮭は，川底に穴を掘って，卵を産みつける」。……(B)

(7) 「その会社は，売り上げが15％低下した」。**suffered**＋名詞ですから，suffered は**他動詞**。この suffer は「…をこうむる（受ける）」の意味ですが，個々の文章の中では，上の訳文のように，それと大きく変わってしまうことが多いのです。(3)では，「…は…を…する」という訳文が，他動詞の目じるしにならない場合の例を示しましたが，この問題はその逆。英語では他動詞＋目的語でも，それに対応する日本語は「…は…を…する」から大きく離れてしまう場合があり，そのときは，動詞と名詞の間に前置詞があるかないかを最大の手がかりにして考えるよりないのです。　　　　　　　　　　　　　　　　　　　…(B)

(8) 「その会合は，明日行われるだろう」。日本語の「行われる」だから自動詞と考えるのでなく，英語の次元で **take**＋名詞だから take は**他動詞**と考えることができましたか。　　　　　　　　　　　　　　　　　　　　　　　……(B)

(9) is **spoken** のあとが in many parts だから spoken は自動詞［の過去分詞］と考えてはいけません。is spoken は受動態。時制の場合(⇒(2))とはちがって，態の変化は，自動詞と他動詞に関係する文の構造を大きく変えます。They *speak English.*→ *English is spoken.* のように，他動詞の目的語が文の主語になるのが受動態ですから，第3文型の受動態では be＋p. p. のあとに前置詞のつかない名詞が出ることはありません（第4文型と第5文型の場合は ⇒ p. 33, 34）。この場合は be＋p. p. という形自体が p. p. が**他動詞**であることの目じるしです。受動態になれるのは他動詞だけですから。「世界の多くの地方では英語が話される」。……(B)

⑺ 自動詞 or 他動詞？

(10) 「この植物は，英語では何と呼ばれるか」。このままでは考えにくいので，This plant *is called* an oak in English.（この植物は英語ではオークと呼ばれる）としてみれば，call 自体は受動態の基礎になる**他動詞**であることが分かります。
……（B）

(11) Go back の back は副詞（⇒⑥—(5)）。命令法のあとに or が続きますから，「2,3歩さがって下さい。そうしないとけがをしますよ」が全体の意味。get **hurt** は get＋p.p. で，「動作の受身」を示す形ですから hurt 自体はやはり他動詞。cf. You may *hurt* yourself.（けがをするかもしれない）   ……（B）

(12) **pick** up the smell は，「自動詞＋前置詞＋名詞」ではなく，「**他動詞＋副詞＋目的語**」です。この問題は，⑥ で詳しく説明しました。「ハナはもののにおいを感じとることができる」。   ……（B）

(13) **get** from … だから get は自動詞と考えるのは間違い。あとを読んでゆくと，from these books *the deep pleasure* とあります。get が自動詞では，books と the …pleasure がつながりません。ここは get (from these books) the …pleasure と読む所。他動詞と目的語の間に，前置詞ではじまる副詞句が入った形です。「これらの本から，それが与えることができる深い喜びを得たい」。   ……（B）

(14) has **laid** のあとに何もないから，今度こそ自動詞と思った人がいるかもしれません。しかし，この文では，前の which が関係代名詞。先行詞を関係代名詞に代入することで得られる文は The female has laid *eggs*. ですから laid は**他動詞** lay の過去分詞なのです。この説明が分からない人は，p.77 まで進んでからもう一度ここへもどって下さい。(13)の最後の give が他動詞なのも同じ理由。「オスの鮭がメスの産んだ卵に受精させる」。   ……（B）

(15) (9)～(14) とこれだけイジワルな問題が続けば，to **make** のあとに何もなくても make は他動詞ではないかと疑いたくなるでしょうが，それが正しい。ここは，名詞＋to—の形で，make の目的語が前の phone calls の中にかくれていると感じられる（⇒⑯—(4)）のです。「かけなくてはいけないだいじな電話が2つある」。
……（B）

(9)～(15)のイジワルな例題にだまされて原則を忘れないで下さい。大部分の場合には，動詞＋名詞の構造が，動詞が他動詞であることの目じるしになるのです。

8 目的語 or 補語？

(A) He respected **a teacher.**
　　彼は，ある先生を尊敬した。
(B) He became **a teacher.**
　　彼は，先生になった。

　7でやった，自動詞と他動詞，目的語と補語の問題は，とても重要なので，角度を変えてもう一度考え直してみましょう。まず，主語になるのは名詞だけです。to不定詞や動詞に―ingをつけた形（まとめて準動詞と言います）が主語になることもありますが，その話を入れると事態が複雑になりすぎるので，それは先へいって考える（⇒12―16）ことにします。動詞のあとに準動詞が続く場合も同じです。これだけ整理すると，考えなければならないのは，次の３つの場合にかぎられることになります。

　① **S＋Vだけで，あとに名詞も形容詞もない場合。**……このときは，動詞は**自動詞**。文型の考え方で言うと，文は**第１文型**です。7の(9)のように，動詞がbe＋p.p.，受動態になっているときは例外で，動詞は他動詞ですが，文全体は第１文型ということになります。7の(14)や(15)のように，本来は動詞のあとに続くべき目的語が別の所にかくれている場合は，目的語が動詞に続いている場合と同じように考えます。下に述べる③(A)の考え方をするわけです。

　② **S＋V＋形容詞の場合。**…形容詞は，補語（＝C）にはなれるが，目的語（＝O）にはなれないというだいじな約束があります。従って，この文はS＋V＋C。動詞は**自動詞**，文は**第２文型**です。7の(5)がこのタイプの文でした。

　③ **S＋V＋名詞の場合。**…表題文(A) *He* respected *a teacher.* では，彼とa teacherは別の人間です。*Snow* covered *the ground*（雪が地面をおおった）でも，Snowとthe groundは別の物で，S＝名詞という関係はなりたちません。このようなS≠名詞の場合には，動詞は**他動詞**，名詞は**目的語**，文は**第３文型**です。7で考えたS＋他動詞＋名詞の文のすべてに，この基

— 30 —

準があてはまることを確認して下さい。

表題文(B)の He became *a teacher*. はどうでしょう。これが，7では意識して出さないようにしておいた形。S+V+名詞ですが，「彼は先生になった」のですから，He＝a teacher の関係がなりたちます。このように，S＝名詞の関係が基礎にある場合は，動詞は**自動詞**，名詞は**補語**(＝C)で，文は**第2文型**と説明します。第2文型を代表するのは He *was* a teacher. に見られる be 動詞。「SはCである」ですが，これとその発展形である「SはCになる」の関係が，常に，この形を支える意味上の基礎になっているのです。

第2文型は，第1，第3文型と並んで，英語を代表すると言ってもいい文型ですが，S+V+名詞の形をとる場合のVの数は，実は意外なことにごく少ないのです。その主要なものを，Exercise で調べてみましょう。

Exercise　下線部が，(A)目的語か，(B)補語かを言いなさい。

(1)　He died after he had been ill for a long time.
(2)　I looked and looked, but I couldn't see the signal.
(3)　She did not seem a satisfactory candidate for the post.
(4)　He paid the bill and left a small tip.
(5)　Peter became a merchant but John remained a fisherman.
(6)　I hope we'll always stay close friends.
(7)　You must keep the film in a dark and cool place.
(8)　He was elected chairman of the committee.
(9)　The property was left her by her husband.
(10)　Universities are commonly called centers of learning.

---

(1)　はごく易しい問題。ill は形容詞ですし，**had been** は be の過去完了形です。時制の変化が自動詞・他動詞の区別や文型と無関係であることは，7の(2)で考えました。ill はもちろん**補語**。「彼は長い間病気をしたあとで死んだ」。……(B)

(2)　**I looked and looked**。looked はあとに何もありませんから，もちろん自動詞。自動詞の looked を重ねて使うことで意味を強めています。「穴のあくほど見

8 目的語 or 補語？

たが」は，気分を出した訳。**see** the signal の signal は「合図」。I＝the signal がなりたたないことは言うまでもありません。see は**他動詞**。the signal は**目的語**。「しかし，信号は見えなかった」。could という**助動詞**が加わったり，not によって文が**否定**になっていても，それは自動詞・他動詞と目的語・補語の問題には，何の影響もないことを確認して下さい。　　　　　　　　　　　　　　　……（A）

(3)　(2) の looked は自動詞。She looked *pretty*.（彼女は美しく見えた）のようにあとに形容詞が加わった文は，look の意味も「見る」から「…に見える」に変わり，文型も第１文型から第２文型に変わっていますが，look が自動詞であることは変わりません。He looks *a perfect gentleman*.（彼は申し分のない紳士のように見える）という文は，形容詞が名詞に変わっただけ。a perfect gentleman は補語です。He is a perfect gentleman. という文がなりたつことを確認しましょう。

第２文型の look と同じように使う動詞に **seem** があります。この問題がそれ。「彼女はその地位の申し分のない候補者とは言いかねるようだった」。not で否定されているとはいえ，She was a … candidate. が基礎にあることは変わりません。seem は**自動詞**。a … candidate は**補語**の役目をしています。　　　　……（B）

(4)　「彼は勘定を払ってわずかなチップを置いた」。「…をあとに残す」の意味の **left** はもちろん**他動詞**で a small tip はその**目的語**。なぜこんな易しい問題を出すのかと疑問を持った人もいるでしょうが，それは次の (5) を見て下さい。　　……（A）

(5)　「ピーターは商人になったが，ジョンは…」です。**remain** [riméin] は基本動詞のひとつですが，正しく分かっている人は少ない。まず，「…を思い出した」は remind [rimáind] との混同。発音の悪さまでバクロする間違いです。remain は He *remained* in the room.（彼はその部屋に残った）のように第１文型で使う場合と，He *remained* poor.（彼は貧しいままであった）のように，He *was* poor. に「ある状態のままである（を続ける）」の意味を加えて第２文型で使う場合とがあります。しかし，どちらの場合にも remain は自動詞。remain を他動詞として使うことはありません。問題文を「ジョンは漁師を残した」と考えた人は，John ≠ a fisherman と解しているわけですから間違い。この意味を示すのは，(4) でやった left。remained poor の poor が a fisherman に変わったわけですから，**a fisherman** は**補語**。「ジョンは漁師であり続けた」が正しい。「ジョンは漁師を続けた」と訳すこともできますが，だからと言って，remained が他動詞，a fisherman が目的語に変わるわけではないことについては，⇒7—(3)。　　……（B）

(6)　He *stayed* at the hotel.（彼はそのホテルに泊まった）の stayed は，第１文

8 目的語 or 補語？

型の自動詞。「…に泊まる」ですが，stay に「…を泊める」という他動詞の用法はありません。問題文の we...stay close friends は，we *are* close friends を基礎に，「親しい友人であり続ける」。「いつまでもこのまま親しい友人でいたいですね」という意味になります。**stay** は第2文型の**自動詞**で close friends は補語。この用法では **remain** close friends と同じ。ただし，stay には，remain とちがって，He stayed judgment.（彼は判断を控えた）のような他動詞の用法もありますが，それをこの問題にあてはめるわけにはいきません。 ……（B）

(7) remain や stay と似ていますが，用法も意味もはるかに広くて難しいのが **keep**。ただ，この問題は You≠the film は簡単に分かります。keep は**他動詞**。the film はその**目的語**。「そのフィルムは，暗くて涼しい所にしまっておかなければならない」。He *kept* quiet. という文の kept は自動詞，形容詞の quiet は補語ですが，こういった場合まで含めて，辞書の keep の所を一度すみからすみまで読んで，その複雑さに驚いておくことは，だいじでかつ有効な勉強です。 ……（A）

(8)〜(10) はちょっと変わった問題。I *gave* him a book. は第4文型で，him は間接目的語，a book は直接目的語，She *named* her cat Sally.（彼女はネコにサリーという名をつけた）は第5文型の文で，her cat は目的語，Sally は目的補語です。第4文型と第5文型の見わけ方については次の章で考えますが，これらの文を受動態にすることでできる He *was given* a book. と Her cat *was named* Sally. という文では，前者では He≠a book. なのに後者では Her cat＝Sally（Her cat was Sally.）という関係が成立します。このことを基礎に，前の文の a book は**目的語**，あとの文の Sally は主語を説明する**補語**であると説明するのが約束。受動態を含む文の文型については，あいまいなままで放置してある本が多いのですが，しいていうなら，前者は S＋be＋p.p.＋O の**第3文型**，後者は S＋be＋p.p.＋C の**第2文型**と考えるべきでしょう。

(8) は「彼は委員会の議長に選出された」。He＝chairman で，**chairman** は**補語**。They *elected* him chairman. の受動態です。 ……（B）

(9) property は「財産」ですから，the property＝her ということはありえません。Her husband **left** her the property. の受動態で，**her** は**目的語**。「夫によって財産が彼女に残された」。The window was left *open*（＝C）.「窓は開けはなしにされていた」と比べて下さい。 ……（A）

(10) 「大学は普通，学術の中心と呼ばれている」。Universities ＝ centers of learning がなりたちますから，**centers** …は補語。We commonly *call* universities centers of learning. の受動態です。 ……（B）

直接目的語 or 目的補語？

9

(A) He made Jean **a chair.**
　　彼はジーンのために椅子を作った。
(B) He made Jean **his wife.**
　　彼はジーンを妻にした。

His success *made* us *happy*.（彼の成功が私たちをしあわせにした）という文は，V＋O＋形容詞という構成を持っています。8 でもふれたように，形容詞は，目的語と補語のうちでは，補語にしかなれません。従って，この文は SVOC，第5文型であって，第4文型である可能性は最初からないことになります。ところが，表題文のように主語＋動詞のあとに名詞がふたつ続く文では事情が変わります。第1の名詞（＝名詞①）が目的語であることは言うまでもありませんが，第2の名詞（＝名詞②）はどうでしょう。名詞は目的語にも補語にもなることができます（⇒p. 30）から，S＋V＋名詞①＋名詞②の文は，SVO'（＝間接目的語）O の第4文型にも，SVOC の第5文型にもなることができるのです。この場合は (A) のように名詞①と名詞②のあらわすものがちがう，つまり**名詞①≠名詞②なら第4文型**，(B) のように**名詞①＝名詞②**の関係が成立すれば**第5文型**と考えることになります。第4文型は give が基本。動詞は変わっても，「O'に O を与える」という意味が基礎にあります。一方，第5文型では，「O が C であることを S が知る（考える）」と，「O が C になるように S がする」とのどちらかの意味が根本にあります。あとは具体例に即して考えることにしましょう。

Exercise　下線部が，(A) 目的語か，(B) 目的補語かを言いなさい。
(1) A washing machine will save you all this <u>trouble</u>.
(2) Foreigners consider us a diligent <u>people</u>.
(3) He sold some picture <u>postcards</u> to her.
(4) I must get him another <u>shirt</u> for the winter.
(5) Jefferson called his country the world's best <u>hope</u>.

9 直接目的語 or 目的補語？

(6) She kept the name of her lover a <u>secret</u>.
(7) Susan will make you a good <u>wife</u>.
(8) The headache drove me nearly <u>mad</u>.
(9) The parents have named him <u>Thomas</u> but people call him Tommy.
(10) They found the place a prosperous <u>village</u> and left it a <u>ruin</u>.
(11) They voted him <u>president</u> of the club.
(12) This book cost me ten <u>dollars</u> two years ago.

---

(1) You≠all this trouble ですから，all this **trouble** は直接目的語。save you は「あなたの苦労を省く」から，「洗濯機があれば，こんな面倒はすべてなくなるだろう」。第4文型の基礎はすべての場合に give があると説明しましたが，save と give がどこでつながるのかにとまどった人がいるかもしれません。「…は，あなたに～を与えない」のが save だと考えれば，give との相似がはっきりするはず。I will *spare* you *the trouble*.（君に面倒をかけないようにしよう）の spare を，同じタイプの動詞として記憶しましょう。……（A）

(2) 「外国人は，私たちを勤勉な国民だと思っている」。We *are* a diligent people がなりたちますから，a diligent **people** は目的補語。……（B）

(3) は，ちょっとイジワルな問題。picture は名詞，postcards も名詞ですが，ここは some（picture →）postcards「何枚かの絵葉書」と読む所（⇒ p. 96）。picture は postcards に対する修飾語で，文全体は第3文型。some picture **postcards** は sold の**目的語**です。「彼は数枚の絵葉書を彼女に売りつけた」。……（A）

(4) him≠another shirt。この get は，「O'のために O を手に入れてやる」の意味で第4文型の動詞として使われています。another **shirt** は直接**目的語**。「彼に冬用のシャツをあと1枚買ってやらなければならない」。He *got* his feet *wet*.（< His feet were wet.）「彼は足をぬらした」という，第5文型の get と比べて下さい。
……（A）

(5) 「ジェファソンは，自分の国を世界の最善の希望と呼んだ」。His country *was* the world's best hope. がなりたちますから，the world's best **hope** は目的補語。……（B）

(6) The name of her lover *was* a secret. を基礎に，「彼女は恋人の名前を秘密にしていた」と考えます。keep が用法や意味の点で難しい動詞であることについては，8 —(7)でも述べました。……（B）

9 直接目的語 or 目的補語？

(7) Susan は女の名前。表題文(B)と同じように You *are* a good wife. と考えるのでは，誰が男で誰が女なのかサッパリ分からなくなります。You≠a good wife で，a good wife は直接目的語。「あなたに自分をよい妻として与える」→「スーザンは，あなたのよい奥さんになるだろう」。　　　　　　　　　……(A)

(8) は易しい問題。**mad** は形容詞ですから，**補語**に決まっています。drive は第5文型で使うときは，「OがCになるようにSがする」のグループ。「頭痛が私をほとんど狂気の状態にした」。→「頭痛のために私は，気が狂いそうになりました」。　　　　　　　　　　　　　　　　　　　　　　　　……(B)

(9) 動詞の **name** は「名づける」の意味。name 名詞①＋名詞②は，「名詞①を名詞②と名づける」ですから，当然，名詞①＝名詞②。名詞②は目的補語です。「両親は彼をトマスと名づけたが，人々は彼のことをトミーと呼ぶ」。後半の call him Tommy も call O＋C であることは，⇒(5)。　　　　　　……(B)

(10) 前半は，「彼らはその場所が栄えている村であることを見出した」→「彼らが来た時，そこは栄えている村だった」。The village *was* a prosperous place. が成立しますから，a ... place は**補語**。第5文型で使われた **find** は，「考える，知る」のグループに属します。He *found* me *my overcoat*.（彼は私にオーバーを見つけてくれた）という，第4文型の find と比べて下さい。

後半は難しい。It（＝the village）*was* a ruin. を基礎に，「それを廃墟として残した」→「去る時にはそれは廃墟になっていた」と考えます。彼らは暴行掠奪のかぎりを尽くしたわけです。「…を…としてあとに残す」の意味の **leave** は第5文型の動詞で **a ruin** は目的補語。⑧—(9)でやった，Her husband *left* her *the property*.（夫は，彼女にその財産を残した）という，第4文型の leave と比べてみましょう。　　　　　　　　　　　　　　　　　　　　　　……(B), (B)

(11) 「彼らは，彼をクラブの会長に選出した」。選挙によって，彼を…にしたのです。He was president of the club. を基礎に持つ第5文型の文。**president** … は**補語**です。　　　　　　　　　　　　　　　　　　　　　　　　……(B)

(12) 「この本は，2年前10ドルで買った」。me≠ten dollars ですから，第4文型。**ten dollars** は**直接目的語**ですが，cost と give は無関係のように見えます。しかしこれも，「…が10ドルの負担を私に与えた」と考えれば，やはり give とのつながりが納得できるはず。　　　　　　　　　　　　　　　　　……(A)

10 過去 or 過去分詞？

(A) They **praised** the picture *painted* by the child.
　　彼らはその子が描いた絵をほめた。
(B) A man *named* Fox **paid** for it.
　　フォックスという名の人が，そのための支払いをした。

　英語のならいはじめに，go, *went*, **gone** のような不規則動詞の変化を覚えなくてはいけないときには，put, put, put や set, set, set のように，3つの変化が同形の動詞はとても易しくて，よい動詞のように思えるものです。しかし，学習が高校の段階まで進むと，こういう動詞が実は英語の落し穴で，それが出てくるたびに，前後から考えて3つの変化形の中のどれかを決めなければならぬやっかいな動詞であることが分かってきます。せめて規則変化の動詞が過去形も-ed，過去分詞も-ed でなく，過去分詞が過去形とちがって，たとえば-en で終わることになっていれば，英語はずいぶん分かりやすいのにと思えたら，あなたの学力は確実に一段上がったのです。

　表題文(A)は，**praised**（ほめる）という他動詞が，前の主語，あとの目的語にはさまれていますから，これが**過去形**です。**painted** はどうでしょう。They が praised と painted 双方の主語になることはできません。そのためには，両者をつなぐ and か，最小限 painted の前にコンマが必要。では，painted に対する主語は前にないことになります。ここで大切な約束。会話体のような特殊な文章を除けば，**過去形の動詞は前に主語がなければ使うことができない**のが原則だと覚えて下さい。では painted は**過去分詞**。あとの by ... も，painted が p. p. であることの目じるしになっています。

　この文では painted は前の the picture を修飾しています。そして，これが大切なことですが，p. p. が名詞をあとから修飾するときには必ず，**名詞と p. p. の間に S+be+p. p.**，この文なら The picture was painted by ... という関係が成立するのです。by ... は be+p. p. のあとに出て，動作をする「人」を示す表現，受動態と密接に結びつく表現だったわけです。

　表題文(B)は A man (=S) *named* (=V) Fox (=O)，「ある人がフォックス

10 過去 or 過去分詞？

に名前をつけた」と考えても，どういう名前をつけたのかハッキリしません。ここで，(A) とは逆に **named** を**過去分詞**，**paid** を過去形と考えてみたらどうだろうとひらめくのが，だいじな力。named が p.p. なら A man named... は，They named a man Fox という第 5 文型（⇒ p. 33）の文の受動態である A man *was* named Fox を基礎に「フォックスと名づけられた人」の意味になります。Fox が補語だったわけです。paid がここでは自動詞なのです。

以上は 1 例ですが，過去形と過去分詞を取りちがえることは，文の構造の根本的誤解につながるので，十分な注意と練習が必要なのです。色々な例を Exercise でやってみましょう。

Exercise　下線部が，(A) 過去形か，(B) 過去分詞かを言いなさい。

(1)　They found out a wounded soldier on the battlefield.
(2)　He returned much depressed.
(3)　She never heard this opera sung in Italian.
(4)　The spectators excited at the game shouted loudly.
(5)　The man lived next to a park called the village green.
(6)　Illustrated storybooks, preferred by adults and children, do not serve the child's best needs.
(7)　Lost in thought, she did not notice me.
(8)　Disasters come when least expected.
(9)　We owe a lot to the birds and beasts which eat insects, but all of them put together kill only a bit of the number destroyed by spiders.

---

(1) は易しい問題。**found** が過去形の**他動詞**で out は副詞（⇒ p. 23）。**wounded** は，冠詞と名詞の間に入る語ですから修飾語（⇒ 5 —(6)），つまり**過去分詞**に決まっています。「彼らは戦場で，傷ついた兵士を発見した」。
　　　　　　　　　　　　　　　　　　　　　……(A)，(B)

(2) **returned** が自動詞で**過去形**。He *was* depressed.（彼は落胆していた）なら受動態ですが，He *got* depressed.（彼は落胆した）になると動作の意味が強く現

れます。問題文は，He *returned*. と He was much **depressed.** を合わせた形で depressed は **p.p.**。「彼はひどく落胆して帰って来た」。……(A)，(B)

(3) sing, sang, *sung* ですから，**sung** は**過去分詞**に決まっています。**heard** が**過去形**の述語動詞で，全体は SVOC。「彼女は，このオペラがイタリア語で歌われるのを聞いたことがなかった」。……(A)，(B)

(4) excite には「興奮させる」という他動詞の意味しかないことを知らずに，「観衆はエキサイトした」のだから，excited は過去形と考えているのでは，この問題は解けません。自動詞の **shouted** が**過去形**の述語動詞。**excited** は The spectators *were excited.* を基礎に The spectators にかかる過去分詞。「ゲームに興奮した観衆は大声で叫んだ」。……(B)，(A)

(5) **lived** が**過去形**の自動詞。**called** が a park にかかる **p.p.**。the village green は，表題文(B)の named Fox と同様に，A park was called *the village green.* の形になる補語です。「その男は，村の緑地と呼ばれる公園の近くに住んでいた」。……(A)，(B)

(6) **Illustrated** は文の先頭で，主語が前にありませんから**過去分詞**が第一感。storybooks を修飾して，「さし絵入りのお話の本」。storybooks のように主語が短いときは，主語と動詞の間にコンマを置くことはありませんから **preferred** は**過去分詞**。by ... も過去分詞の目じるしです。do not serve が述語動詞。「さし絵入りのお話の本は，大人も子供も好きですが，子供に一番大切な必要には役立ちません」。……(B)，(B)

(7) 文頭の**過去分詞**ですが，(6)とちがって，As she *was lost* in thought と同じ意味が，圧縮された形で表現されています。過去分詞ではじまる分詞構文と呼ばれる形。「考えごとに夢中で，彼女は私に気づかなかった」。……(B)

(8) when, while などではじまる副詞節の中では，主語が主節の主語と同じで，動詞が be のときには，主語と be 動詞をまとめて省略することがあります。本問はその形。when *they are* least **expected** と同じです。「災害は，全く予期せぬときにやってくる」。……(B)

(9) put も kill も他動詞ですが，この文では put＋副詞，kill＋目的語になっていることから **put** は all of them を修飾する**過去分詞**と考えます。名詞＋put together で「名詞を合わせたもの」。**destroyed** は他動詞。目的語がありませんし，by ... がついていますから，the number を修飾する **p. p.** と考えます。「我々は虫を食べる鳥や獣に負うところが多い。しかし，鳥や獣のすべてを合わせても，それが殺す虫は，くもが殺す虫のほんの一部分にしかならない」。……(B)，(B)

直接法 or 仮定法？

11

(A) If I **am** not busy tomorrow, I *will call* on him.
　　明日，忙しくなければ，彼を訪ねよう。
(B) If I **were** not busy, I *would call* on him.
　　忙しくなければ，彼を訪ねるのに。

仮定法とは if のこと，または if の節を含む文のことだと思っている人の数は，年々ふえているのですが，それは大きな間違い。表題文の (A) は If を使った仮定の文ですが，仮定法とは何の関係もありません。If のあとで，現在から将来にかけて，起こる可能性もあり起こらない可能性もあることを仮定するときには，あることを事実として述べるときに使う動詞の形，つまり，みなさんが英語の勉強の最初からいろいろな場面で習ってきた動詞の形をそのまま使えばいいのです。そういう形に文法でつけられているのが「直説法」という名前。(A) は，前半の **am** も，後半の **will call** も**直説法**です。

(B) はどうでしょう。I のあとに普通の形の was でなく **were** が使われています。仮定法とは，動詞のこういう特別な形についた名前のこと。If の節の中で仮定法の過去形を使うと，「現在の事実の反対」や「起こってほしくないこと」が示されると覚えて下さい。

　　　What *would* you *do* if you **were** in my place now?
になると，you のあとの were は特別な形ではありませんが，「今」を示す now があること，「あなたが今私の立場にいたらどうしますか」という文の内容が現実にはありえないことを考えて，この were も仮定法過去と説明するのが文法の約束です。

(B) と，今の What *would* …? という文では，主節にどちらも would という「助動詞の過去」と「動詞の原形」が使われていることに注意して下さい。If 節の中で「**仮定法過去**」を使ったときには，主節には「**助動詞の過去＋原形**」という，これも特別な形が使われて，「**現在の事実に反対の帰結（仮定ではありません）**」を示すことになるのが約束。これは If 節の中で使われる本来の仮定法とは別種の形なのですが，英文法では，これも「**仮定法**」と

いう名称で呼ぶことになっています。
　　　If I **had** not **been** busy yesterday, I *would have called* on him.
　　　昨日，忙しくなかったら，彼を訪ねていたのに。
という文では，If 節の中に had＋p.p. という過去完了形が使われています。これは，The lesson *had* already *begun* when he came.（彼が来た時には，すでに授業ははじまっていた）のような，過去のある時までの完了を示す普通の過去完了形とはちがって，If 節の内部で「**過去の事実の反対**」を示す特別な形なので，「**仮定法過去完了**」と呼ばれます。この場合，主節では「**過去の事実の反対の帰結**」を示すために，「**助動詞の過去＋have＋p.p.**」という特別な形を使いますが，これもやはり仮定法のひとつの形ということになります。

　仮定法にはもうひとつ，最近出題が急増している特別な形があります。
　　　I *suggest* that the discussion **be continued** at the next meeting.
　　　私は，議論を次の会議で継続することを提案する。
に見られる be がそれで，**提案，動議**（propose），**要求**（demand），**勧告**（recommend）などをあらわす動詞の次にくる名詞節の中では should＋原形か，または単に**原形の動詞**が使われると説明されます。後者は「**仮定法現在**」と呼ばれます。原形ですから，He *demanded* that she **knock** before entering.（彼は，彼女が入室の前にノックすることを要求した）のように，主語が3人称単数であっても s がつかぬこと，主節の動詞が現在でも過去でも動詞の形が変わらぬことに注意しましょう。

　細かい点の問題は Exercise の中で考えることとして，仮定法とは If のことではないことを，まずしっかりアタマに入れて下さい。

Exercise　　下線部が，(A) 直説法か，(B) 仮定法かを言いなさい。
(1) He would often go fishing in the river when he was a child.
(2) His mother insists that he is innocent.
(3) I could have lent you the money.　Why didn't you ask me?

11 直説法 or 仮定法？

(4) I <u>went</u> to see Martha as I <u>hadn't seen</u> her for several months.
(5) If I <u>had known</u> your address, I <u>could have visited</u> you.
(6) If I <u>had</u> wings, I <u>could</u> fly.
(7) If the talks <u>should break</u> down, it <u>would be</u> a black day for the industry.
(8) Jone <u>asked</u> me if I <u>had seen</u> the picture.
(9) She <u>informed</u> me that she <u>would leave</u> for London on Friday.
(10) The death of his father <u>would have brought</u> a great misfortune to his family.
(11) The Egyptians believed that the soul of man <u>could live</u> on if the body <u>was preserved</u> in a special way.
(12) The teacher <u>demanded</u> that she <u>hand</u> in her report as soon as possible.
(13) <u>Were</u> I in good health, I <u>could go</u> abroad.
(14) Without appropriate software, a computer <u>would be</u> a mere box.

---

(1) would が使われていても，それだけで仮定法とは言えないことが分かっているかどうかをためすだけの単純な問題。when he *was* a child の **was** は過去の事実を述べているだけですから，もちろん**直説法**です。 **would** often go の would も often が示すように，過去の習慣を示す**直説法**の would。「彼は，子供のころ，よく川へ釣りに行ったものだ」。　　　　　　　　　　　　　……(A), (A)

(2) S＋V＋that... という形になるタイプの文で，that 節を導く動詞は**直説法**。insist に続く従属節の中で述語動詞が should＋原形または仮定法現在になるのは，They *insisted* that she [*should*] *be* there. (彼らは彼女にそこへ来いと強要した)のように，insist が「要求する」の意味の場合。「彼の母は，彼が無実だと主張する（言いはる）」の意味のこの文では，節中の動詞は**直説法**。第一，he **is** の is は，特別の形 (be) ではありません。　　　　　　　　　　　　　　　　……(A), (A)

(3) If と仮定法の動詞を組み合わせた，「事実の反対」の仮定と同じ内容が，周囲の語句の中にかくれている場合があります。この問題では，**could have lent** は，「過去の反対の仮定」を受けて，「反対の帰結」を示す**仮定法**の形。Why...me？

「なぜ私に頼まなかったのだ」は**直説法**の動詞を使った疑問文ですが，その中に if you *had asked* me「もし私に頼んでいたら，[その金を貸してあげられたのに]」という仮定が感じられるのです。　　　　　　　　　　　……（B），（A）

(4) 「マーサと何か月も会っていなかったので，会いに行った」。事実を述べただけの文章ですから，**went** も **hadn't seen** も**直説法**。過去完了が使われているのは，went の示す過去の基準時間までに，何か月もの時間が経過してしまっていたことを示すためです。　　　　　　　　　　　　……（A），（A）

(5) が If ... **仮定法過去完了** ..., S＋助動詞の過去＋have＋p.p. の典型的な文。「事実の反対の**仮定**と，その**帰結**」と考えなければ，**had known** も **could have visited** も説明できません。would でなく could が使われているのは，「…できたのに」という意味を加えるため。「あなたの住所を知っていたら，お訪ねできたのに」。　　　　　　　　　　　　　　　　　　　　　　……（B），（B）

(6) は，If ... **仮定法過去** ..., S＋**助動詞の過去＋原形**の文の典型。「翼があったら，飛ぶことができるのに」という内容から言っても，現在の反対の仮定とその帰結としか考えられません。　　　　　　　　　　……（B），（B）

(7) If ... should＋原形というのは，解説では説明しなかった形ですが，「現在から，未来の起こりそうもないことに対する仮定を示す形」。should＋原形は，やはり**仮定法**，と呼ばれますが，この場合の should は，主語が1人称，2人称，3人称のどれであっても，同じであることに注意しましょう。「会談が決裂するようなことがあれば，産業界には暗黒の日となるだろう」。このタイプの文で主節は，本問のように「**助動詞の過去＋原形**」という仮定法の形が用いられる場合と，助動詞の現在＋原形という直説法の形が用いられる場合があります。
　　　　　　　　　　　　　　　　　　　　　　　　……（B），（B）

(8) if があるから「仮定」の文と思いこんではいけません。この if は asked の目的語になる名詞節をまとめる接続詞（⇒ p.92）。「ジョーンは私に，その絵を見たことがあるかどうか尋ねた」。**asked** も **had seen** も，「仮定」とは何の関係もない**直説法**です。　　　　　　　　　　　　　　……（A），（A）

(9) これも，「金曜日にロンドンへ出発すると，彼女は私に告げた」の意味で，仮定とも仮定法とも関係のない文。**would** があらわすのは，**過去から見た未来**，または**過去の推量**です。　　　　　　　　　　　　……（A），（A）

(10) **would have brought** は，仮定法過去完了を使った仮定を受けると考えなければ説明できない**仮定法**の形。If his father *had died*, it *would have brought* ... と

— 43 —

[11] 直説法 or 仮定法？

書いた場合と同じ仮定が，主語の The death of his father の中に含まれている文です。「彼の父が死んだら，家族には大きな不幸がもたらされたろう」。

……（B）

(11) この章は，「仮定法とは if のこと，または if の節を含む文のこと」だと思ってはいけないという話からはじめましたが，それを確認するための問題。「人間の霊魂は，肉体を特別な方法で保存すれば生き続けることができると，エジプト人は信じていた」という意味のこの文は，昔のエジプト人の**ぼんやりした仮定**を扱っているだけで，「過去の事実の反対の仮定」ではありません。それなら the soul of man *could have lived* on if the body *had been preserved* … となっているはず。could live も was preserved も**直説法**です。 ……（A），（A）

(12) 解説の後半で説明した「要求」を示す動詞＋that … **仮定法現在**の形です。ただし，**demanded** はもちろん**直説法**（⇒(2)）。「先生は彼女ができるだけ早くリポートを出すことを求めた」。 ……（A），（B）

(13) は特別な形。If S were …; If S had＋p. p. …; If S should 原形 … という仮定法の動詞を使った仮定の文では，If を省略し語順を変えた，**Were** S …; **Had**＋S＋**p. p.** …; **Should**＋S＋**原形** … という形で同じ内容を示せるのです。「健康だったら，外国へ行けるのだが」。この変形が可能なのは，仮定法による仮定の場合だけです。 ……（B），（B）

(14) If it *were* not for （…がなかったら）という，仮定法過去を使った仮定と同じ内容が Without の中に含まれています。「適当なソフトがなければ，コンピューターは，ただの箱だ」。**would be** は，主節の中でその仮定を受ける形。

……（B）

12 現在分詞 or 動名詞？(1)

(A) **Being** honest at all times, *he is trusted* by everybody.
　　いつも正直なので，彼はみなに信用されている。
(B) **Being** honest at all times *is* not always easy.
　　いつも正直でいることは，必ずしも容易ではない。

　動詞に—ing をつけた形は，名詞のような働きをするときは**動名詞**，形容詞のような働きをするときは**現在分詞**と呼ばれます。その使い分けのうち，文の大きな構成と関係のあるものをこの項で，—ing＋名詞（名詞＋—ing）の形に関連するものを 13 と 14 で取り扱うことにします。

　表題文(A)(B)は，Being ... から times までは全く同じ。Being の用法の差は，そのあとの部分から出てくることになります。(A)の *he is* trusted by everybody は，取り出せば独立文になれる構成。従って Being ... times は，修飾語として，he is trusted ... に外側からかかることになります。—ing ではじまる部分がこういう働きをするときは，—ing は**現在分詞**，その部分の**全体は分詞構文**と呼ばれるのが約束です。

　分詞構文で最も重要なのは，—ing の意味上の主語が，文の中心部の主語と同じであること。従って，Being ... times に主語を補って正式の文にすれば，ここには *He is* honest at all times. が圧縮され，文の中心部にはりつけられていることが分かります。それをまとめたのが上の訳文です。

　(B)では，Being ... times に続いているのは，*is* という，主語を必要とする動詞。主語になれる語は Being しかありません。主語になるのは名詞の働きですから，Being は**動名詞**。「いつも正直でいることは ...」と考えます。

(A) He *is* **listening** to music. 彼は音楽を聞いている。
(B) His hobby *is* **listening** to music. 彼の趣味は音楽を聞くことだ。
　(A)の is listening は「進行形」。be＋現在分詞が進行形の構造ですから，listening は**現在分詞**です。進行形の基礎には He(＝S), listen(＝V) という関係があるはず。He listens がなりたつことを確認して下さい。

12 現在分詞 or 動名詞？ (1)

(B) 今度は His hobby listens がおかしいことは分かりますね。「聞く」という動作をするのは，「彼」であって，「彼の趣味」ではないからです。代わりになりたっているのが，His hobby＝listening という等号関係。この関係が be 動詞で示されるのが，第 2 文型の「名詞＋be＋名詞」の構文 (⇒ 2 —(8))。では，listening は**動名詞**ということになります。

  (A) He *sat* **smoking**. 彼はタバコを吸いながら座っていた。
  (B) She *enjoyed* **shopping**. 彼女は買物が好きだった。

(A)は He sat. という完全な文に，**現在分詞**がさらに補語として追加された形。この型の構文を作る主な動詞として，sit のほかに stand と lie を覚えましょう。

(B)は他動詞の目的語として**動名詞**が使われた形です。

Exercise　下線部が，(A)現在分詞か，(B)動名詞かを言いなさい。

(1) Practicing with a tape recorder is a good way of learning English conversation.
(2) Feeling tired after his walk in the country, he took a nap.
(3) Thinking he was asleep, I walked into the room on tiptoe.
(4) Putting the first finger to the lips when someone is talking means "keep quiet."
(5) He sat in silence, stroking his beard.
(6) The best way of killing time is talking over a cup of tea.
(7) The strike at London Airport is resulting in heavy delays to passengers.
(8) My cousin who lives in Manchester, is spending this weekend with me.
(9) Getting information is learning, and understanding something that you did not understand is also learning.

12 現在分詞 or 動名詞？(1)

(10)　As they sat drinking their coffee, they saw her walking toward them.

(11)　Don't put off studying until the last moment.

------

(1)　**Practicing** に直接につながる部分がどこで終わるか，そのあとがどうなっているかを調べます。**with** という前置詞の目的語が **a tape recorder**。*is* が続きますから，Practicing は，主語になる**動名詞**。**learning** は of という前置詞のあとです。前置詞＋—ing の問題は上の説明では取り上げなかったのですが，前置詞の目的語になるのは名詞ですから，learning はもちろん**動名詞**。「テープレコーダーを使っての練習は，英会話勉強のよい方法だ」。　　　……（B），（B）

(2)　考え方は(1)と同じ。after の目的語が his walk，in の目的語が the country と決めてゆくと，*he took* という S+V にぶつかりますから，**Feeling** は分詞構文の**現在分詞**。主節の主語が he ですから，ここには He was feeling tired... と同じ内容が圧縮されていることになります。「田舎を歩いて疲れたので，彼はちょっと仮眠をとった」。　　　　　　　　　　　　　　　　　　　……（A）

(3)　**Thinking** の直後に he was が続きますが，これを文の中心の S+V と考えるのでは，あとの I walked が前につながらなくなります。Thinking [that] he was... と読む所。いずれにしても Thinking は分詞構文の**現在分詞**。「彼が眠っていると思って，私はこっそりと部屋に入った」。　　　　　　……（A）

(4)　**Putting** の目的語が the first finger，to の目的語が the lips とたどって行くと when にぶつかります。このあたりで諦めないことが大切。someone is talking は現在進行形ですから，talking は**現在分詞**，when someone is talking の全体は，Putting にかかる副詞節。次の *means* という述語動詞を見ることで，Putting が動名詞で主語と分かったときには，もう全文の意味がアタマにひらめいている，こういう読み方を心がけて下さい。「誰かが話しているとき，こちらが人さし指を口にあてると，『静かにしなさい』の意味になる」。　　　……（B），（A）

(5)　(1)～(4)とはちょっと変わった問題。He sat in silence が，主語・目的語・補語の点で欠けるものがない完全な文ですから，そのあとに前置詞なしで動名詞を出しても前につながりません。**stroking** は現在分詞が正しいのですが，分詞の働きは何でしょう。この位置の分詞で考えられるのは，分詞構文か silence を修飾するかですが，分詞構文なら，上の説明で述べたように文の主語が stroking の意味上の主語。silence に対する修飾語なら，silence が意味上の主語になります。つま

— 47 —

[12] 現在分詞 or 動名詞？ (1)

り，(He, Silence) was stroking his beard. のカッコの中で正しいものはどれか，ということになるわけで，正しいのはもちろん He。では stroking … は**分詞構文**というように決まってゆくのです。—ing の前にコンマがある場合のほうが分詞構文の可能性が強いとは言えても，それは絶対的な要件ではありません。「彼はあごひげをなでながら，だまって座っていた」。　　　　　　　　　　　　……(A)

(6)　kill time は，「ひまつぶしをする」という意味の熟語。前置詞のあとですから **killing** は**動名詞**（⇒(1)）。The best way … is talking の talking は (A) でしょうか (B) でしょうか。The … way＝talking がなりたつ一方，The way *talks* はおかしい。では talking は**動名詞**で is の補語。「ひまつぶしの一番よいやり方は，お茶を飲みながら話をすることである」。　　　　　　　……(B)，(B)

(7)　The strike results in … と The strike＝resulting in … のどちらが成立するかという形で考えます。result in … は「… という結果になる」の意味ですから，正しいのは前の方で，**resulting** は**現在分詞**。「ロンドン空港のストライキの結果，乗客にひどい遅れが生じている」の意味の現在進行形です。　　　　　……(A)

(8)　も My cousin *spends* … と My cousin＝spending … で，正しいのは前者。「マンチェスターに住んでいる私のいとこが，この週末に泊まりに来ます」。
　　　　　　　　　　　　　　　　　　　　　　　　　　　　　　　……(A)

(9)　Getting＝learning の関係ですからどちらも動名詞。is *learning* … and *understanding* と並べて読んだ人は迷路に入りこんだことになりますが，is also learning の所で，**understanding**（＝S）＝ **learning**（＝C）の関係と分かるはず。「情報を得ることは学習であり，理解していなかったことを理解するのも学習である」が全体の意味。　　　　　　　……(B)，(B)，(B)，(B)

(10)　As のあとは sit＋現在分詞の形。後半の saw her（＝O）**walking**（＝C）は第5文型ですが，第5文型で補語になる —ing は，常に**現在分詞**です。「彼らがコーヒーを飲みながら座っていると，彼女が彼らのほうへ歩いて来るのが見えた」。
　　　　　　　　　　　　　　　　　　　　　　　　　　　　　　……(A)，(A)

(11)　put off の off は副詞。put は他動詞（⇒[6]—(11)）。**studying** はその目的語になる**動名詞**です。「勉強をぎりぎりまでのばすな」。　　　　　……(B)

現在分詞 or 動名詞？(2)

13

(A) **Reading** *books* gives him great pleasure.
　　書物を読むことが，彼には大きな喜びだ。
(B) **Barking** *dogs* seldom bite.
　　ほえる犬は，めったにかみつかない。

(A)の **Reading** は**動名詞**で文の主語，books はその目的語です。*Reading books, he* often *finds* a misprint.（本を読んでいて，彼はミスプリントを見つけることが多い）になると，Reading books は分詞構文に変わりますが，Reading に対して books が目的語になるという構造は同じ。ところが(B)は，同様に−ing＋名詞でも，**現在分詞**が前から名詞を修飾する形。分詞と名詞の間にあるのは，Dogs *are* barking. という，主語と述語の関係です。(A)と(B)は−ing＋名詞という点では全く同じですから，区別するときは意味が中心ということになります。よく誤解が起こらずにすんでいると思う人は、次を見て下さい。

　(A′) **Playing** *the guitar* gives him great pleasure.
　(B′) *A* **barking** *dog* seldom bites.

(A′)は，「ギターをひくことが，…」ですが，このように冠詞が入ってくると，事態が変わります。名詞が目的語のときは，「−ing＋**冠詞＋名詞**」が語順。−ing が名詞に対する修飾語のときは，「**冠詞＋**−ing＋名詞」が語順（⇒ 5 ―(6)）ですから，この部分の形だけで，意味ははっきり区別できます。所有格の代名詞が名詞に加わっている場合も同じです（⇒(7)）。

　次はもうひとつ別の話。a *sleeping* cat（眠っているネコ）は，「**現在分詞＋名詞**」。A cat is sleeping. の関係が成立しています。ところが a *sleeping* bag（登山用などの寝袋）の場合は，寝るのはもちろん人間ですから，a bag is sleeping. の関係は成立しないことになります。これは，a sleeping cat の sleeping は a *wild* cat（のらネコ）の wild と同種の形容詞の働きなのに，a sleeping bag の sleeping は a *paper* bag の paper と同様の働きで名詞→名詞の修飾関係（⇒ p.96）が基礎になるため。この sleeping は**動名詞**。

13 現在分詞 or 動名詞？(2)

a bag for sleeping を圧縮した形です。

Exercise　下線部が, (A) 現在分詞か, (B) 動名詞かを言いなさい。

(1)　A law once prohibited Americans from <u>making</u> or <u>buying</u> liquor.
(2)　A piece of <u>falling</u> rock struck him on the head.
(3)　Barbershops were favorite <u>meeting</u> places where men discussed affairs of the day.
(4)　Japanese industry is making <u>increasing</u> use of robots.
(5)　One should always use a <u>climbing</u> rope when <u>crossing</u> Himalayan glaciers.
(6)　<u>Playing</u> games and <u>singing</u> songs, we had a very pleasant time.
(7)　<u>Restraining</u> home demand is the key to <u>increasing</u> our exports.
(8)　There is no use in <u>buying</u> expensive clothes for children.
(9)　<u>Wedding</u> cakes probably began in Europe when each guest brought a spiced bun to a wedding.
(10)　Why did he give up <u>studying</u> English?
(11)　<u>Working</u> people sometimes think that students have little to do.

---

(1) アメリカの禁酒法時代の話で liquor は「酒」。from の目的語になる **making** と **buying** という2つの**動名詞**に対し, liquor が共通の目的語になっています。「かつてアメリカ人は, 酒を製造することも販売することも, 法律で禁じられていた」。　　　　　　　　　　　　　　　　　　　　　……(B), (B)

(2) **falling** は完全自動詞ですから, rock にかかる読み方しかありません。Rock *was* falling. の関係が成立しますから, falling は**現在分詞**。struck him on the head は, まず「彼にあたった」と言ってから, あたった部分を具体的に前置詞のフレーズで追加する, 日本語にはない言い方。「落ちてきた岩のかけらが, 彼の頭にあたった」。　　　　　　　　　　　　　　　　　　　　……(A)

(3) favorite という形容詞と places の間にはさまれていることで, **meeting** が修飾語であることが分かります。ただし, Places are meeting. と考えるのはおかしい。places *for* meeting（集会のための場所）ですから, meeting は**動名詞**。「床屋の

13 現在分詞 or 動名詞？(2)

店は，人が好んで集まり，時事問題について意見を戦わせる場所であった」。
　　　　　　　　　　　　　　　　　　　　　　　　　……(B)

　(4) making は，現在進行形を作る**現在分詞**。making ... use of の中に，use を修飾する **increasing** が閉じこめられています。Use *is* increasing. が基礎になっていますから，increasing は**現在分詞**。「日本の産業は，ロボットをますます使うようになっている」。
　　　　　　　　　　　　　　　　　　　　　　　　　……(A)

　(5) a と rope の間ですから，**climbing** は rope に対する修飾語。ただし，Rope is climbing. でなく，a rope *for* climbing ですから，climbing は**動名詞**。when のあとは，when *he is* crossing の省略形（⇒ⅰ0—(8)）ですから，crossing は**現在分詞**。Himalayan glaciers は，その目的語です。「ヒマラヤの氷河を横断するときには，いつも登山用のロープを使わなければならない」。　　　……(B)，(A)

　(6) we had という S＋V があとに続いていますから（⇒ p. 45），**Playing** と **singing** は，どちらも分詞構文をまとめる現在分詞。games と songs は，その目的語です。「ゲームをしたり，歌を歌ったりして，私たちはとても楽しい時を過ごした」。
　　　　　　　　　　　　　　　　　　　　　　　　　……(A)，(A)

　(7) Restrain は「抑制する」の意味の他動詞で，home demand はその目的語，直後に is が続きますから（⇒ p. 45），**Restraining** は is の主語になる**動名詞**。**increasing** our exports は，所有格の位置から言って，他動詞＋目的語が唯一の解釈。increasing は to の目的語です。「国内需要の抑制が，輸出増進のかぎである」。
　　　　　　　　　　　　　　　　　　　　　　　　　……(B)，(B)

　(8) There is no use in ... は「...してもしかたがない」の意味を示す熟語。**buying** が in の目的語になる**動名詞**。expensive clothes がその目的語です。「子供には，高価な服を買ってやっても仕方がない」。　　　　　　……(B)

　(9) Wed は他動詞ですが，「ケーキ」と結婚したり，「ケーキ」をとつがせたりするわけにはいきません。**Wedding** は修飾語で，cakes が began の主語。「ケーキ」が結婚するわけでもありませんから，Wedding は**動名詞**が答。「ウェディング・ケーキはおそらく，ヨーロッパで，客のひとりひとりが香料の入った甘い丸パンを結婚式に持っていったときにはじまったものである」。……(B)

　(10) give up の up は副詞（⇒ p. 23）。**studying** が give の目的語になる**動名詞**で，English はその目的語「なぜ彼は英語の勉強をやめたのか」。　……(B)

　(11) think に対する主語は people. **Working** が people に対する修飾語ですが，People are working が基礎だから，working は**現在分詞**という考え方の手順も，そろそろ身についたでしょう。little to do は⇒ⅰ6—(4)。「働く人たちは，学生はすることがあまりないと考えることがある」。　　　　　……(A)

現在分詞 or 動名詞？(3)

14

(A) The population of a town is the number of *the people* **living** in it.　ある町の人口とは，そこに住んでいる人の数である。
(B) We are glad of *the examination* **being** over.
　　試験が終わってうれしい。

---

13 は −ing＋名詞という形が持つ可能性の問題でしたが，この項では逆に，**名詞＋―ing** という形がどんな場面に現れ，どんなちがいを持つかを考えましょう。

(A)の文は，... the number of *the people*. で終われば「〈人口とは …〉人の数である」の意味。**living** in it は，修飾語として the people に追加される現在分詞を中心とする部分です。「名詞←現在分詞」のこの形では必ず，名詞が主語，分詞が述語という関係がありますが，それは現実に両者が対等だということではなく，修飾される言葉とされる言葉，つまり，中心の言葉と説明の言葉の間にかくれているのだということを知って下さい。「名詞＋現在分詞」の形が持つ他の可能性については，Exercise の解説で説明することにします。

(B) We are glad that *the examination is* over. という文の the examination (＝S) と is over (＝P) の間にある関係は，主語と述語，SとPという対等の関係であって，(A)のような修飾の関係ではありません。意味から言っても，私たちがうれしいのは「試験」ではなく，「試験が終わっていること」です。前置詞のあとにこのような形が名詞＋―ing に圧縮されて続く場合は，**being** が**動名詞**。the examination がその**意味上の主語**と説明します。

Exercise　下線部が，(A) 現在分詞か，(B) 動名詞かを言いなさい。

(1) The roads <u>leading</u> into the country were full of cars.
(2) In a war <u>using</u> the H-bomb there can be no victor.
(3) He hated to find money <u>playing</u> an important part in sports.

(4) The heart keeps the blood underline{circulating} to the other parts of the body.
(5) Night coming on, we started for home.
(6) The car was left by the roadside, its engine still running.
(7) I cannot sing with you listening beside me.
(8) With the interest rate going down, he decided to withdraw all his money from the bank.
(9) Would you mind my opening the window?
(10) One of the most familiar incidents of daily life is that of a child learning to speak.
(11) I was completely carried away by his piano playing.

---

(1) The roads が主語。were が述語動詞と確認することからはじまります。中間の **leading** ... は The roads に対する修飾語ですから**現在分詞**。表題文(A)と同じ用法で，The roads *led* into the country. もなりたつことを確認しておきましょう。「田舎に通じる道はクルマでいっぱいだった」。　　　　　　　　　　……(A)

(2) In a war という「前置詞＋名詞」ではじまる文ですから，主語は別にあるはず。主語を探せば，結局 there can be no victor (＝S) . という there is＋S の構文に行きつきます。中央の **using** the H-bomb は，A war *is* using ... を意味の基礎にして，a war にかかる修飾語の**現在分詞**。「水素爆弾を使う戦争では，勝利者はありえない」。　　　　　　　　　　　　　　　　　　　　　　　　……(A)

(3) play a ... part in~は，「~で...の役割を果す」の意味の熟語。(1), (2)と同じように解釈して，「役割を果している金を見つける」ではおかしい。同じ**現在分詞**でも，この **playing** は，find money (＝O) *playing* (＝C) で，第 5 文型の目的補語。money is playing が圧縮された形で，money と playing は，対等の要素のぶつかりあいです。「彼は，スポーツで金が重要な役割をするのを見出すことをきらった」。なお，I found (saw, heard) *him doing* it. のような文は，「それをしている彼を発見した（見た，聞いた）」と訳しても，何とか意味は通りますが，こういう形は第 5 文型に理解して，「彼がそれをしているのを見出した（見た，聞いた）」と解釈するのが，英語の考え方に合うことを知って下さい。　　　　……(A)

(4) p.34 で，第 5 文型の動詞は，「OがCであることをSが知る（考える）」と，

[14] 現在分詞 or 動名詞？(3)

「OがCになるようにSがする」とのどちらかの意味が根本にあると言いました。前者の例が(3)，後者の例が(4)です。circulate to は「…へ循環する」。keep は「OがCである状態を維持する」の意味。**circulating** が目的補語になる**現在分詞**で，「心臓は，身体の他の部分に血液がまわり続けるようにする」の意味です。
　　　　　　　　　　　　　　　　　　　　　　　　　　　　……(A)

　(5) (1)と同じように Night が主語，あとに述語動詞と思っても，we started という中心の S＋V がもう見えています。代わりにあるのがあとの **coming**。Night が意味上の主語で，**coming** が意味上の述語。ここにあるのは，分詞構文(⇨ p.45)を作る**現在分詞**に，意味上の主語が加わった形なのです。「夜が来ようとしていたので，私たちは家にもどりはじめた」。　　　　　　　　　　……(A)

　(6)　The car…the roadside は，独立させれば完全な文。前置詞のついていない its engine は，これとどうつながるでしょう。They were born on a Leap Day, *the extra day* added to February each Leap Year. のような文なら簡単で，the extra day は，前の a Leap Day と同格。added は day を修飾する過去分詞(⇨ p.37) と考え，「彼らは閏日，つまり閏年ごとに2月に付加される余分な1日に生まれた」と理解すればよいのですが，問題文はそうはゆきません。its engine と同格になれる名詞が前にないからです。ここはアタマを切りかえて，its engine は単独でなく，あとへ来る要素と密接に結びつくことで，はじめて前につながる資格を獲得するのではないかと考える所。それによって，**running** が engine に対する修飾語でなく，engine と対等の要素，つまり its engine を意味上の主語にする分詞構文の**現在分詞**に見えてくるのです。Its engine *was* still running. という文に等しいものが圧縮されているわけです。「その車は道ばたに乗り捨てられており，エンジンはまだかかっていた」。　　　　　　　　　　　　　　　　　……(A)

　(7)「私のそばで聴いているあなたといっしょに歌う」では，誰が歌って誰が聴いているのか，サッパリ分かりません。ここは，(6)の…, its engine still running は，…, **with** its engine still *running* とも言えることを知っている必要があります。つまり，with という前置詞には with＋目的語＋X という形で，目的語が意味上の主語，X が意味上の述語になる特別な形があるのです。ここは，X が現在分詞の形。You *are* listening beside me. と同じ内容が圧縮されているわけで listening は**現在分詞**と考えるのが正しい。「あなたがそばで聴いているのでは，私は歌えない」。表題文(B)の of the examination *being* over と，前置詞＋〔代〕名詞＋―ing という点は同じなのに，なぜ being は動名詞で，こちらの listening は現在分詞なのかという疑問を持った人は鋭いと思いますが，それは

14 現在分詞 or 動名詞？(3)

① 表題文(B)の場合には，あとの(9)で説明するように，〔代〕名詞が所有格になる場合があるのに，with＋目的語＋―ing の場合には，目的格の代わりに所有格を使えないこと，
② (B)のような一般の前置詞の場合には，意味上の述語になるのが―ing 形にかぎられるのに，with の場合は，He fell asleep *with* his candle *lit*. (< His candle was lit. ...「彼はローソクをつけたままで眠ってしまった」）の lit という過去分詞のように，―ing の代わりに色々な形が使えること
のためなのです。　　　　　　　　　　　　　　　　　　　　……(A)

(8) 「下がりつつある利率」のように going down を the interest にかけるのでは，意味から言って，With ... を he decided につなぐことができません。ここは，(7)でやった with＋目的語＋**現在分詞**の形が，文末でなく文の最初に現れたものと考える所。The interest rate *was* going down. と同じ内容が，With によって圧縮され，中心の S＋V に結びつけられているわけです。「利率が下がっているので，彼はお金を全部銀行から出すことに決めました」。　　　　……(A)

(9) mind は「... を気にする（いやがる）」の意味。Would you mind *opening* the window? なら opening の意味上の主語が you に感じられるために，「あなたは窓をあけることがいやですか」→「窓をあけてくれませんか」の意味になります。この opening は mind の目的語になる動名詞。前に意味上の主語として所有格の my を加えた問題文は Would you mind if *I open* the window? と同じ意味。「私が窓をあけるのがあなたはいやですか」から，「窓をあけてもかまいませんか」の意味になります。

動名詞の意味上の主語は，代名詞と「人」を示す名詞のときは所有格または目的格，「物」を示す名詞のときは目的格と覚えて下さい。ここは *my* が所有格。所有格＋現在分詞という形はありませんから，そのことだけで **opening** は **動名詞**と決まります。

ちょっと問題を変えて，I hated *doing* it.（私はそれをするのがいやだった）を出発点にしてみましょう。この doing は動名詞。I hated *his* doing it. のように，意味上の主語として所有格の his を加えると，「私は，彼がそれをするのがいやだった」になります。意味上の主語を所有格から目的格に変えて得られる文は，I hated *him* doing it. で doing は「動名詞」ですが，この文は I saw him doing it.（私は彼がそれをしているのを見た）と，形の上で差がなくなっている，つまり，どちらも V＋〔代〕名詞＋―ing であることに気がつきましたか。前者の―ing が動名詞，後者の―ing が現在分詞と言われるのは，動詞が hate か see かのちがいによるわけですが，こういう所は，細かい分類にこだわってもしかたがないところ。

14 現在分詞 or 動名詞？(3)

S+V+O+─ing の構文の意味のとり方（⇒ p.34）を知っていればそれでよいのです。　　　　　　　　　　　　　　　　　　　　　　　　　　　……(B)

　(10) は，目的格の名詞が動名詞の意味上の主語になっている場合。that of＝the incident of と考えて，「日常生活で最も普通の出来事のひとつは，子供が話すのを覚えることです」と理解するのが正しい。話すことを覚える年齢の子供に何か事件が起こるわけではないのです。A child *learns to speak.* が *of* のあとで圧縮された形で，**learning** は**動名詞**。表題文(B)と同じ仕組みですが，これも

　　① He objected to *John and me* **joining** the party.（彼はジョンと私がパーティーに加わるのに反対した）のように，前置詞は of にかぎらないこと。

　　② The record of mankind is the story of *men* **living** together and **making** communities.「人類の記録は，人間がいっしょに生活し社会を作る物語である（いっしょに生活し社会を作る人間の物語である）」のように，living を動名詞に解しても，現在分詞に解しても，意味に大きな差が生じない場合は，ムリに割り切らなくてもよいこと

を知って下さい。　　　　　　　　　　　　　　　　　　　　　　　……(B)

　(11) は特別な形。His hobby is **collecting** stamps.（彼の趣味は切手の収集だ）の collecting は動名詞，stamps はその目的語（⇒ p.45）ですが，ここから His hobby is **stamp collecting**. という同じ意味の文を作ることができます。問題文はこの形。piano は **playing** という**動名詞**の目的語。この場合，動名詞の前の名詞は単数無冠詞が原則であることに注意しましょう。「私は彼のピアノ演奏に完全に魅了された」。　　　　　　　　　　　　　　　　　　　　　　　　　　　……(B)

15 (不定詞)名詞用法or副詞用法？

(A) **To master** anything *requires* effort.
どんなことでも，習熟するには努力がいる。

(B) **To master** anything, *you must* work hard. どんなことでも，習熟するには一生けんめいやらなくてはならない。

12 では，(A) *Being* honest, he is trusted ... という文で，he is trusted 以下の独立文に外側からかかる Being honest ... は分詞構文であり，一方，(B) Being honest is not ... という文で，あとの is の主語になる Being は動名詞だと説明しました。この項では，問題になっているのが **to 不定詞**ですし，(A)(B) の順序は逆になっていますが考え方は同じです。(A)は **To master** anything のあとにすぐ，主語を必要とする**述語動詞** requires が続きますから，To master ... は**主語**。主語になるのは名詞の働きですから，この to 不定詞は**名詞用法**です。

(B)は **To master** anything のあとに you must work hard という (S+V)。それも取り出せば独立文になるものが続きます。To master anything はS+Vに外側からかかる用法ですから，不定詞の**副詞用法**。副詞用法の不定

(注)「まえがき」で述べたように，「名詞か動詞か」，「現在分詞か動名詞か」のような形で，英文の中の単語を分類するのは，そういう角度から考えることが，与えられた単語，ひいては英文全体の理解に，きわめて有効な手段だからです。しかし，その考え方があまり役に立たぬ場面があることも事実です。そういう場合には，「分類」にしばられず，個々の現象を「分類」から離れて理解しようとすることが大切。—ing や p.p. とちがって，不定詞には特にそういう用法が多いので，その代表的なものをあげておきます。

(1) **be to**—（＝助動詞）　You **are to** pay your debt as soon as possible.（借金はできるだけ早く返さなければいけない）に見られる be 動詞と to—の結びつきは，be to が助動詞と同じ働き（この文では should）と考えればよい。この to—を不定詞の「形容詞用法」などと言っても，あまり意味はありません。

(2) **V to**—の一部　He is rich. に seem を組み合わせると，He **seems to be** rich.（彼は金持のように見える）という文ができます。この場合は，to—は不定詞の形容詞用法などと分類するより，もとの文に seem が加わることで「...のように見える」という意味が付加されると覚えることが重要。He *was* out. → He **happened to** *be* out（彼はたまたま家にいなかった）に見られる happen to の場合も同じ。こういう説明で（次頁脚注へ）

15 (不定詞) 名詞用法 or 副詞用法？

詞は，特別の目じるしがなければ「目的」を示すことになります。文の中の色々な位置で２つを区別する練習を Exercise でやりましょう。

Exercise　下線部の不定詞が，(A) 名詞用法か，(B) 副詞用法かを言いなさい。

(1) Jane always greeted people with a smile, and <u>to see</u> her doing so melted everybody's mind.

(2) <u>To understand</u> the English home of today and the men and women and children who live in it, three different aspects must be considered.

(3) It is hard for him <u>to live</u> on his small salary.

(4) One of the most important safety rules is <u>to cross</u> the streets only at the crossings.

(5) Please try <u>to do</u> better next time.

(6) He decided <u>to learn</u> <u>to swim</u> <u>to overcome</u> his fear of water.

(7) Hydrogen and oxygen combine <u>to form</u> water.

(8) Helen wept <u>to see</u> him go away.

(前頁脚注の続き) すんでしまうのは，覚えなければいけない動詞の数が少ないからで，これは次の fail to—，さらに(3)，(4)にもあてはまることです。

She **failed to** appear. の to—は「名詞的用法」で failed の目的語と説明されますが，それより fail to—は「—しない」という否定を示す特殊な表現と考え，それが出てきたときに，誤解しないことのほうが大切です。

(3) be＋形容詞＋to—　I **am ready to** help. (喜んでお手伝いします) の to help は，ready という形容詞を修飾しますから，「副詞的用法」に分類されますが，そう分類したところで，理解がたいして深まるわけではありません。あとに to—を続けられる形容詞の数はかぎられていますから，それを個別に知り，形容詞のちがいによって生じる意味のとり方のちがいのパターンを知ることに注意を向けましょう。

(4) S＋V＋O＋to—　I asked *him* **to do** it. (私は彼にそれをするように頼んだ) のように，第５文型で目的補語が to—になる構文があります。この場合は，O と to—の間に主語と述語の関係があると理解し，それに従った考え方をすることが重要で，この場合も to—が「名詞用法」か「形容詞用法」かを論じることにはたいした意味はないのです。

⑮ (不定詞) 名詞用法 or 副詞用法？

(9) What would he say <u>to look</u> at you?

(10) He opened his lips <u>to make</u> some remarks.

━━━━━━━━━━━━━━━━━━━━━━━━━━━━━━

(1) Jane ... smile は,「ジェーンは,いつも人を笑顔で迎えた」。and は何と何を結ぶでしょう。*to see* her doing so のあとに *melted* ... mind という V+O, 述語動詞にしかなれない形が続きますから, **to see** は名詞用法で主語。Jane ... greeted *and* to see ... melted が文の骨格。her doing so「彼女がそうすること」については ⇨ 14 —(9)。「彼女がそうするのを見ると, 誰の心も和らいだ」。 ……(A)

(2) To understand で文がはじまっています。To—に直接つながる部分はどこまで続くだろう, そのあとは V だろうか, S+V だろうかと考えられることが大切。and が the ... home と the men and women and children を結び, 3つの名詞に共通に who live in it がかかっています。「今日の英国の家庭と, そこに住む男女や子供を理解する」。three different aspects must ... To—のあとに続くのが S+V ですから, **To understand** は,「副詞用法」の不定詞。「目的」を示します。「... ためには, 3つの異なった面を考えなければならない」。 ……(B)

(3) 表題文(A)は, 形式主語の It を使い, to—を文末にまわして, *It requires effort to master anything.* と変形することができます。to—が名詞用法であることは変わりません。(3)はこれに to—の動作をするのが誰であるかを示す意味上の主語を for ... で加えた, It ... for ... to—の構文ですから, **to live** は名詞用法。「わずかな給料で暮らしてゆくのは, 彼にはつらいことだ」。 ……(A)

(4) One ... rules「最も重要な交通安全規則のひとつ」。is to cross は, 意味の上で One=to cross の関係になっています。この場合は, **to cross** は名詞用法で is の補語。「... は, 道路を渡るのは横断歩道のところだけにすることである」。当然のことですが, One (=A rule) crosses はなりたちません。規則が渡るわけではないのです。p.57 の脚注(1)では逆に You pay ... はなりたつのに, You=to pay がなりたたないことが, 両者の区別の基礎になります。p.45〜46 で be —ing について, 進行形に解する場合と be+動名詞（=C）に解する場合の区別について, 同じようなことを考えたのを思い出してほしいところ。 ……(A)

(5) V to—の形の中には, to—を「名詞用法」とか「形容詞用法」とか分類することになじまぬものがあることは, p.57 脚注(2)で述べたとおり。ただ, **try to —**を,「—することを試みる」から「—しようとする」と考えるのは, 有効な理解の仕方だと思います。**to do** は名詞用法。「この次は, もっとうまくやるようにしなさい」。 ……(A)

(6) 「泳ぐことを学ぶことを決めた」のですから, **to learn** も **to swim** も名詞用

— 59 —

[15] (不定詞) 名詞用法 or 副詞用法？

法。learn to—は「—できるようになる」と訳すこともありますが，不定詞の用法自体は変わりません。**to overcome**「...を克服するために」は，**副詞用法**，目的を示します。「水の恐怖を克服するために，彼は水泳を覚えることに決めた」。
……(A)，(A)，(B)

(7) combine はここでは「結びつく」という意味の自動詞。**to form** は**副詞用法**の不定詞。副詞用法の不定詞は，用法を示す目じるしがなければ「目的」を示すと説明しましたが，この文では to form の意味上の主語になる Hydrogen and oxygen「水素と酸素」が無生物です。「水素と酸素」が目的意識を持って行動することはありません。従って，to—は動作の「**結果**」を示すことになります。「水素と酸素は結合して水となる」。次の例では，不定詞の前に only があることが，「結果」の目じるしになっています。

  He hurried to the house **only to find** it was empty. (彼はその家へ急いで行ったが，着いてみたら誰もいなかった) ……(B)

(8) **to see** は wept にかかる**副詞用法**の不定詞。「ヘレンは，彼が去るのを見て泣いた」。感情を示す動詞 wept のあとにあることが目じるしとなって，to see はその感情の「**原因**」を示すと感じられます。これは，次のように感情を示す過去分詞や形容詞に続く場合も同じです。 ……(B)

  They were *surprised* **to see** me safe. (彼らは私が無事なのを見て驚いた)
  I am very *glad* **to see** you. (お目にかかれてとてもうれしい)

(9) say to look となっていますが，「見ることを言う」などと考えるのでは困ります。この文は he would say *something* to look ... の something が疑問代名詞の What に変わってできたものですから，to look は，**副詞用法**。ただし，would look と would が使われているのは，to look の中に if he looked という仮定法過去を使った仮定に等しい内容が含まれているため。言いかえると，would look を目じるしに，to look は「目的」でなく，「**仮定**」を示すと考えることになります。「あなたを見たら，彼は何と言うでしょうか」。 ……(B)

(10) make some remarks の remark は，「発言」。「彼は何か発言するために口を開いた」で，**to make** は，**副詞用法**「目的」ですが，ここで，ちょっと to make の意味上の主語が何であるか，つまり，「発言をする」のは誰かを考えてみて下さい。答はもちろん，文の主語の He。これは，(9)でも同じ。to look の意味上の主語は，やはり文の主語の he です。ごくあたりまえのことのようですが，p. 58 脚注(4)の I *asked* him *to do* it. では，そこが変わっています。to do の意味上の主語は文の主語の I でなく，asked の目的語の him。この文を第5文型として特別な分類をする主な理由はそこにあり，解釈を変えるための目じるしは，特別な動詞 ask が使われていることにあるのです。 ……(B)

16 (不定詞)形容詞用法or副詞用法?

(A) We could find *a taxi* **to take** us to the station.
　　駅まで乗って行くタクシーを見つけることができた。
(B) We *took* a taxi **to get** there in time.
　　そこへ時間までに到着するためにタクシーに乗った。

　(B)は[15]の(10)でやったタイプの文。We took a taxi. に外側から，**副詞用法**で目的を示す to get there in time がかかっています。to get の意味上の主語が，文の主語の We であることも確認して下さい。

　(A)はどうでしょう。We could find a taxi は，やはり取り出せば完全な文ですが，今度は，あとの to take us to the station は，直前の a taxi という名詞にかかる**形容詞用法**。現在分詞があとから名詞にかかるときは，名詞と分詞の間に必ずＳとＰの関係があった（⇒ p.52）ことを覚えていますか。この文でも，意味の上で *A taxi took* us to the station. がなりたちますが，不定詞の場合は，名詞と to—の関係がこれだけでないからやっかいなのです。Exercise で，そのひとつひとつを考えましょう。

　もうひとつ。We don't want to do anything *to hurt* his feelings. という文は，to hurt ... を anything にかかる形容詞用法にとって「彼の感情を傷つけるようなことは，何もしたくない」と考えても，副詞用法にとって「彼の感情を傷つけるために，何かをしたくない」と考えても，意味にほとんど差がありません。こういうときには，どちらの用法にとってもよいことも知っておいて下さい。

Exercise　下線部の不定詞が，(A)形容詞用法か，(B)副詞用法かを言いなさい。

(1) He was always the first <u>to raise</u> his hand at school.
(2) We have to leave our country <u>to become</u> conscious of it.
(3) The letters <u>to be answered</u> immediately are usually put in a special folder.

16 (不定詞) 形容詞用法 or 副詞用法？

(4) There was not a lot to do that morning.

(5) He awoke one morning to find himself famous.

(6) He felt badly in need of someone to talk to.

(7) Please give me a pan to put the potatoes in.

(8) We were not deceived by their proposal to become friendly.

(9) He must be out of his mind to act in that way.

(10) He had the kindness to show me the way to the station.

(11) It is time for you to go to bed.

(12) For the parcel to arrive in time, she sent it by air mail.

---

(1) the first は the first *boy* の意味。the first […] to—の形で，the first が，to—が**形容詞用法**であることの目じるしになる場合があります。「学校で彼はいつも手をあげる最初の少年だった」→「…いつも最初に手をあげた」。the first と **to do** の関係は，表題文(A)と同じ S と V の関係です。cf. John was the last *to arrive*. （ジョンは最後に到着した） ……(A)

(2) 「自分の国を意識するためには，それを離れてみなくてはならない」。**to become** は have to leave にかかる，「**副詞用法・目的**」の不定詞。country と to become の間には，直接の結びつきはありません。 ……(B)

(3) **to be answered** が主語と動詞の間にあることと，その前後にコンマがないことが，**形容詞用法の目じるし**になっています。to be answered は The letters にかかって，「答えられるべき手紙」。基礎にあるのは，The letters *are* answered という受動態の関係。「すぐに返事を出さなくてはならない手紙は，普通，特別な紙ばさみに入れておきます」。 ……(A)

(4) (3)は answer *the letters* を基礎に，The letters *to answer*… と書くこともできます。同じ形容詞用法でも，この場合は the letters(＝O)← to answer(＝他動詞)の関係が名詞と to—を結びつける支えになるわけです。(4)はその例。do a lot「多くのことをする」に支えられて，「その日の朝はたいして仕事がなかった」の意味になります。that morning は，副詞的用法の名詞(⇒ p.97)。動作をするのは「我々(彼ら)」ですが，それは前後から分かるので，この文には書いてありません。それを示す必要があるときには，不定詞に意味上の主語を加えるときの約束に従って，There was not a lot *for us* (*them*) to do that morning. とします。⇒(11) ……(A)

16 (不定詞)形容詞用法 or 副詞用法？

(5) The alarm clock *awoke* me at five.「目ざましが私を5時に起こした」のawokeは、meを目的語にする他動詞ですが、one morningを「起こす」はずはありません。問題文のawokeは自動詞。one morningは、(4)のthat morningと同様に、名詞の副詞的用法（⇨ p.97）です。前がこう決まれば、**to find** はawokeにかかる「**副詞用法の不定詞**」に決まります。ただ、「自分が有名であることを発見するために…」と「目的」に考えるのでは、意味がおかしい。私たちは目をさますとき、きっとまわりはこうなっているだろうとか、まわりをこういうふうにしようとか考えるものではなく、睡眠から覚醒への移行は、常に意外なことと感じられるはずだからです。副詞用法の不定詞が「目的」以外の用法であるときには、常にそれを示す目じるしがあると言いました（⇨ p.58）が、awoke to ―の形のto―は、awokeのあとにあることが目じるしとなって、「**結果**」に感じられるのです。「彼は、ある朝目をさますと、有名になっていた」。……(B)

(6) There was *someone* **to talk**. のto talkはsomeoneにかかりますが、talkは自動詞ですから、someoneとto talkの関係を支えるのは、Someone (＝S) talked (V) です。「話をしてくれる人がいた」。この文を「話をする（聞いてくれる）相手がいた」と解釈することはできません。ところが、問題文のようにsomeone to talk **to** となると、toという前置詞の目的語を見つけることが優先します。talk *to* someone「**動詞＋前置詞＋目的語**」という関係があると、目的語になる名詞をそこから前に出して、名詞（← to―＋前置詞）という修飾構造を作れるのです。「彼は話し相手をひどく必要としていた」が問題文の意味。この文では、Heがto talkの意味上の主語を兼ねていますが、to―の意味上の主語を別に示す必要があるときには、There was someone *for me* to talk to.（私の話し相手になってくれる人がいた）のようになります。……(A)

(7) (6)がもうひとつ複雑になった「**動詞＋目的語＋前置詞＋名詞**」からも、名詞（← to―＋目的語＋前置詞）という修飾構造を作れます。(7)がそれ。put the potatoes **in** a pan を基礎に、「ジャガイモを入れる鍋を取って下さい」と解釈します。……(A)

(8) 名詞（← to―）という**形容詞用法**の問題をさらに複雑にしているのは、S＋VやV＋〔前置詞＋〕Oのような抽象的関係を基礎にする修飾構造のほかに、以上とは無関係に不定詞を修飾語としてとれる一群の名詞があることです。**proposal** がそのひとつ。ただ、この場合はpropose to―という「動詞＋不定詞」の関係が基礎にあります。decide to― → decision to―（―するという決定），fail to―（⇨ p.58 脚注）→ failure to―（―できないこと）のように、「動詞＋to―」という形があるときは、その動詞から出る名詞の大部分はto―で修飾できると考えてよいので

― 63 ―

16 (不定詞)形容詞用法 or 副詞用法？

す。「親しくしたいという彼らの提案に，私たちはだまされなかった」。
……(A)

(9) の his mind と to act の間には直接の関係がありません。この文は「そんな行動をするとは，彼はアタマがおかしいにちがいない」の意味。**to act** は He ***must*** be out of his mind にかかる**副詞用法**で，「なぜ，彼はアタマがおかしいと判断してよいのか」の「**理由**」を示します。前の must be がこの用法の目じるし。*How* kind you are to come all the way *to see* me！（わざわざ会いに来て下さるなんて，何とご親切なかたでしょう）では，前が感嘆文であることが用法の目じるしになっています。
……(B)

(10) be *kind* to—のような「形容詞 to—」の言い方（⇒ p.58脚注）があるときも，やはり，その形容詞から転じた名詞の大部分は to—で修飾できます。「…教える親切心を持っていた」→「彼は親切にも駅へ行く道を教えてくれた」。cf. He showed a *readiness to continue* the discussion.（＜ready to continue…「彼は進んで話し合いを続けようとする態度を示した」）。
……(A)

(11) It … for … to—だから，to—は名詞用法（⇒ 15 —(3)）と簡単に決めてはダメ。「あなたが床につくことは，時間です」では意味がおかしい。It は時を示す it で，**to go** は time にかかる**形容詞用法**の不定詞。for you はその意味上の主語です。「あなたが床につくべき時間が来ている」→「もう寝なくてはいけません」。time, way などの名詞を，動詞とも形容詞とも関係がないが，to—で修飾できる名詞として記憶しましょう。cf. It is not the right *way* to pack books.（それは本を荷作りする正しいやり方ではない）
……(A)

(12) the parcel と to arrive の間には，the parcel arrives という S＋V の関係がありますが，to arrive を形容詞用法として the parcel にかけ「到着する包みにとって」とか「…ために」と読むのでは，あとにつながりません。ここは **to arrive** のほうが中心。she sent it … にかかる「**副詞用法・目的**」で，For the parcel はその意味上の主語を示しています。「小包がまにあって到着するように，彼女はそれを航空便で出した」。cf. He stood aside *for her* **to enter**.（彼は，彼女が入れるように，わきへどいた）
……(B)

17 文否定 or 語否定？

(A) He **didn't** *try* to look that way.
   彼はそちらのほうを見ようとはしなかった。
(B) He tried **not** *to look* that way.
   彼はそちらのほうを見ないようにつとめた。

(A)の **didn't** は，文の中心である述語動詞を否定することによって，主語と動詞の結びつき，言いかえれば**文の全体**を否定しています。このような，否定を「**文否定**」と言います。しかし，(B)で否定されているのは，主語と動詞の結びつきではありません。「彼は…ようにつとめた」のです。否定されているのは，to look という不定詞だけ。このように**文中の特定の語句**だけが**否定**されている場合を，「**語否定**」と言います。「文否定」は not, never などの否定語を述語動詞のそばにつけることによって示すのが原則，「語否定」は(B)の not to look のように否定語を否定される語句の前につけて示すのが原則ですが，それにかぎられるわけではなく，いろいろ例外的な用法もあります。そういう場合も含めて，Exercise をやってみましょう。最初は語否定が続きますが，それによって意味がどうなるかも考えて下さい。

Exercise　下線部が，(A)文否定か，(B)語否定かを言いなさい。

(1) Please be careful <u>not</u> to forget to lock the door when you go out.
(2) <u>Not</u> knowing what to say, I remained silent.
(3) I am ashamed of <u>not</u> having been kind to her.
(4) Lately <u>not</u> a few people live to be ninety.
(5) It will happen in the <u>not</u> too distant future.
(6) He did <u>not</u> come from Mexico, but from Brazil.
(7) My mother did <u>not</u> teach us because she was dissatisfied with our school. She taught us because she could not help it.
(8) She likes <u>nobody</u> and <u>nobody</u> likes her.
(9) <u>No</u> ordinary student can solve the problem.

17 文否定 or 語否定？

(10) The book is nowhere to be found.
(11) At no time in my life have I been busier than I am today.
(12) She will be here in no time.

-----

(1) 表題文(B)と同様に，**不定詞を否定するnot**が不定詞の前に置かれています。「外出するときは，忘れずにドアに鍵をかけるように注意して下さい」が意味で，もちろん，「忘れるように注意するな」ではありません。Please take care **not** *to forget* ... とも言えます。I got up early so as **not** *to be* late for the train.（列車に遅れないように早く起きた）に見られる，「目的」を示す so as to— と not を組み合わせた形も覚えることにしましょう。　　　　　　　　　　……(B)

(2) knowing ... は，あとに I remained という S+V が続いていますから，分詞構文（⇨ p. 45）。**分詞構文を否定**する**副詞**は，分詞の前に出ます。「何を言ったらいいか分からなかったので，私は黙ったままでいた」。……(B)

(3) I am ashamed that I *have* **not** *been* (*was* **not**) kind to her.（私は彼女にやさしくしなかったことを恥じている）という文の that 節を，動名詞を使って圧縮した文。**not** の役目は，**動名詞に対する否定**に変わりますが，その位置はやはり —ing の前です。　　　　　　　　　　　　　　　　　　　　　　……(B)

(4) **not** *a few* の not も語否定。「少なくない数の人々」→「かなり多くの人々」が正しい読み方。「近ごろは90歳まで生きる人が少なくない」が全体の意味。「少数の人々が ... 生きない」のではありません。I was **not** *a little* surprised.（ぼくは少なからず驚いた）の not a little も同じ用法。　　　　……(B)

(5) 冠詞 ... 名詞の点線部に閉じこめられた単語は，その枠の中でしか働けないのが約束（⇨ [5]—(6)）。not もその例外ではありません。この **not** は *too distant* を否定して，「それはあまり遠くない将来に起こるだろう」。　　　　……(B)

(6) 語否定の not は，否定される語の前に置かれるのが原則ですが，述語動詞に引きつけられて前に出てしまうことがあります。問題文の not を文否定に解して，「彼は来なかった」とするのでは，but from Brazil が前につながりません。この文は He came **not** from Mexico *but* from Brazil. と同じ意味。「彼の出身地は，メキシコではなく，ブラジルであった」。　　　　　　……(B)

(7) was dissatisfied with は，「... に不満であった」。第1文だけなら，「私の母は，学校に不満があったので，私たちを教えなかった」の意味にも解釈できます

17 文否定 or 語否定？

が，問題文の場合，それでは第2文の「母が私たちを教えてくれたのは，そうせずにはいられなかったからだ」が前につながりません。第1文を My mother taught us **not** *because* ... と同じ意味，つまり not を because の節に対する語否定の副詞にとって，「母が私たちを教えてくれたのは，学校に不満があったからではなかった」と解釈します。　　　　　　　　　　　　　　　……(B)

(8)「誰も彼女が好きではない」を英訳するとき，「誰も」はanybody，「好きではない」はdoes not likeだから，*Anybody* does *not* like her. が答えだと，考えてはいけません。any ... notというのは，英語では使われない語順。そういうことを言うときにはanyとnotを合わせてnoにする，この問題なら**No**body *likes* her. になります。No-がbodyに対する否定のように見えながら，実は動詞を否定して**文否定**の働きをしていることに注意。問題文の後半はこの形。前半のShe likes nobody. は，She does *not* like *anybody*. (not ... any は正しい形) と同じ内容を表現する，もうひとつ別の言い方。やはり **nobody** は**文否定**です。「彼女は誰も好きではないし，誰も彼女が好きではない」。　　　　　　……(A)，(A)

(9) No を ordinary に対する否定にとって「普通でない学生」と読むのは間違い。この No も can solve を否定します。「なみの学生では，その問題は解けない」が全体の意味。　　　　　　　　　　　　　　　　　　　　　　……(A)

(10) **nowhere** が now here (今，ここで) と見えているのでは，この問題はムリ。no where (＝not+anywhere) という組み立てで，この文は，The book is *not* to be found *anywhere*. (その本はどこにも見つからない) と同じ意味。nowhere の中の否定は**文を否定**しています。

ちょっと別の話。Hundreds of mosquitoes came out of *nowhere*. の nowhere は「どこでもない所」→「どことも知れぬ所」で，文全体は「何百という蚊がどこからともなくやって来た」の意味。no はここでは where を否定しています。ついでですが，ユートピア (Utopia) という言葉を知っていますね。「理想郷」の意味ですが，この語の語源になるギリシア語では U＝no，topia＝place，つまり「どこにもない所」でこの U＝No は，語否定になっているわけです。　　　……(A)

(11) I have *not* been busy at *any* time. は，「私はどんなときにも忙しくはなかった」ですが，at any time を文の先頭に出したらどうなるでしょう。At *any* time I have not ... では，any ... not という，ありえぬ語順になってしまいます。この場合も not が any に吸収されて，At **no** time ... としなくてはいけないのですが，もうひとつだいじな約束があります。She has *never* seen him. (彼女は彼に会ったことがなかった) の never を文頭に出すと，否定の副詞が文の先頭に出た

— 67 —

[17] 文否定 or 語否定？

ときは，あとは「助動詞＋主語＋本動詞」，ⓥ＋S＋Vの語順になるというルールに従って，*Never has she seen* him になります。At no time の no は，At ... time の中にとじこめられているようですが，time を否定するのでなく，At no time の全体が have been を否定する副詞句と感じられるので，全体は At no time *have I been* ... となります。問題文のように in my life を加えて，「今日ほど忙しいときは，私のこれまでの人生になかった」の意味にしても，この語順は変わりません。　　　　　　　　　　　　　　　　　　　　　　　……(A)

⑿　She will be here *in three hours' time*.「彼女は3時間後にはここにいるだろう」に見られる in ...'s time という熟語は，... の部分に時の長さを示す語句が入って，「... の時間が経過すると」の意味。in three minutes' time なら，「3分したらここにいる」です。two minutes ... one minute ... と時間をどんどん減らして行くとき，その極限に現れるのが in *no* time. という比喩で，「彼女はまもなく来るだろう」。この場合の no は，three minutes' と同じように time にかかる語です。「彼女が来なくなる」わけではありません。no が語否定ですから，この場合は *In no time* she will be here. のように In no time を先頭に出しても，語順は変わりません。　　　　　　　　　　　　　　　　　　　　　　　……(B)

部分否定 or 全体否定？

18

(A) I **didn't** read **all** of these books.
　　私はこれらの本を，全部は読まなかった。
(B) I **didn't** read **any** of these books.
　　私はこれらの本を，1冊も読まなかった。

　「彼らはみな金持ではない。貧乏人ばかりだ」という日本語の「彼らはみな…ない」は，「彼らの中に金持はひとりもいない」の意味です。「SがPである場合がひとつもない」ことを示す，こういう否定を，「**全体否定**」と言います。

　「彼らはみな金持ではない。貧乏人もいる」と変えたら，どうなるでしょう。今度は「金持もいるが貧乏人もいる」の意味。SがPである場合と，Pでない場合がまざっているわけです。こういう事態を，否定の面を重視して表現した文が，「**部分否定**」と呼ばれるわけです。

　今の2つの日本文で，「彼らはみな金持ではない」の部分は共通であることに，注目して下さい。英文解釈や英文法の時間に，部分否定というと，「彼らはみながみな金持であるわけではない」のような重苦しい訳をつけさせられるのですが，実は日本語ではそこまで突っこんだ言い方をすることはまれで，たいていは，「彼らはみな金持ではない」のようなあいまいな表現を，上の例のように前後から適当に解釈してすませているのです。

　さて，表題文です。(A)の I *didn't* read *all* …は，「部分否定」でしょうか，「全体否定」でしょうか。こういう問題を考えるとき，機械的に「私は，これらの本を全部読まなかった」と日本語に言いかえてから，次にその意味を考えても迷路に入るだけだということを分かってもらいたくて，上のような説明をしたのです。「…読まなかった。まだ1冊も見ていない」とも，「読まなかった。一部は目を通したが」とも言える以上，日本語の訳からは，答は出てこないのです。

　では，どうすればいいのでしょう。ここは，英語から出発できることがだいじ。**not** と **all** の結びつきは「**部分否定**」だと覚えるのです。次は「部分

18 部分否定 or 全体否定?

否定」の意味。「読んだ本もあり読まない本もある」ということが，否定の角度から表現されているのだと理解できれば，表題文(A)は読めたのです。「1冊も読んでいない」という「**全体否定**」を表したいときには，英語では言葉の形が変わって，表題文(B)の **not … any** になります。日本語に訳すときは，前後関係を含めて，みなさんの訳文を読む人が，それだけで事態を正しく認識できるかどうかを基準に，あっさりした訳とくどい訳のどちらかを選べばよいのです。次の Exercise では，前後関係が欠落しているため，くどい訳が中心になります。

Exercise 下線部が，(A)部分否定，(B)全体否定のどちらに関係するかを言いなさい。

(1) English is <u>not</u> acceptable to every one as a world language.
(2) Good-looking food <u>doesn't</u> necessarily taste good.
(3) Her hair is <u>not</u> quite the same color as yours.
(4) I <u>don't</u> have the least idea where she is now.
(5) I <u>haven't</u> read both of his novels, but judging from the one I have read, he seems to be a fairly promising writer.
(6) I'm <u>not</u> always at home on Sundays.
(7) <u>Neither</u> of the girls has done her homework.
(8) <u>No</u> one generation can achieve anything great.
(9) There is by <u>no</u> means a clear distinction between them.
(10) We <u>never</u> work on Saturday mornings.
(11) When the snake bit Jane, I knew that <u>nothing</u> at all could be done to save her.
(12) Your work is <u>not</u> altogether satisfactory.

---

(1) **not** と **every** の結びつきは「部分否定」だと知っていることからはじまります。acceptable … as a world language は，「世界言語として受け入れることが

18 部分否定 or 全体否定？

できる」。英語を世界言語として認めようとする人と，そうでない人とがいるわけです。「英語を世界共通語としてすべての人が認めるわけではない」。 ……(A)

(2) も，**not necessarily**「必ずしも…でない」が部分否定の表現だと知っていることが出発点。Good-looking は look good という「不完全自動詞＋形容詞」(⇒8—(3)) をもとにできる言い方で「よく見える；見ばえのする」。taste good も「不完全自動詞＋形容詞」。「食べておいしい」ときもあるし，そうでないときもあるという事態が，否定の面から表現されているのです。「見ばえのする食物が，必ずしも食べておいしいわけではない」。 ……(A)

(3) quite は「全く」だから，今度こそ全体否定だと思った人はいませんか。**not quite** もやはり部分否定を示す表現。「全部が全部同じではない」。少しはちがう所もあると言うのです。「彼女の髪はあなたと全く同じ色というわけではありません」。not と *completely* (*entirely*) をいっしょに使っても，やはり部分否定になることも記憶して下さい。 ……(A)

(4) where she is now は，the idea と同格になる名詞節。「have **no** idea＋疑問詞節」は「…が分からない」という意味の熟語 (23—(6)) 表現ですが，これに **least** を加えると，「最少の…も持っていない」→「少しも（全く）分からない」で，否定が強められることになります。部分否定とは関係がありません。「彼女が今どこにいるのか，私は全く知らない」。I'm *not in the least* tired.「少しも疲れていない」も同種の表現。 ……(B)

(5) I have*n't* read *both*…を「両方読んでいない」のだから，全体否定と思った人も，judging from（…から判断すると）以下に，「私が読んだほうから判断すると，かなり有望な作家のように思える」と書いてあるのを読めば，それではおかしいことが分かるでしょう。**not…both** も常に部分否定。「彼の小説を両方とも読んだわけではない」。2 つのものについて，「片方は…しているが，片方は…していない」というのです。「2 冊のどちらも読んでいない」という全体否定を示す言い方は⇒(7)。 ……(A)

(6) **not always** は，not all や not every と並んで，部分否定を代表する言い方。「日曜日にはいつも家にいるとはかぎらない」。いることもあるし，いないこともあるのです。「いつも家にいない」という全体否定を示すのは，I'm *never* at home on Sundays.⇒(10) ……(A)

(7) **Neither** は，2 つのものについて全体否定を示す言い方。(5)の not…both という部分否定とみあう表現です。「女生徒のどちらも宿題をやっていなかった」。

18 部分否定 or 全体否定？

　この形を使って(5)を「1冊も読んではいない」の意味の全体否定に変えれば，I have read *neither* of his novels. (I have*n't* read *either* of his novels.) になります。「女生徒」が3人以上の場合には Neither が **None** に変わって *None* of the girls have (has) done the homework. になります。The girls have *not* done... を，「ひとりも...していなかった」と強く言っているわけです。　　……(B)

　(8)　**No** generation can の No が generation を否定する語否定でなく，can achieve を否定する文否定の表現であることは，17―(8)でやりました。「どんな世代も...達成できない」。問題文はこれに **one** が加わることで，「どんな世代も一代では，偉大なことは達成できない」の意味になったもの。部分否定とは無関係です。one を two に変えると，*No two* brothers are more alike [than the two]. 「その2人ほど似ている兄弟はない」のような表現が出てきます。　　……(B)

　(9)　17―(11) At *no* time... では，前置詞...名詞 の点線部に閉じこめられている no が，形の枠を越えて，主語と動詞の結びつきに対する否定になっていました。by **no** means「決して...ない」も，それと同種の熟語。not と by *any* means が結びついた表現で，部分否定とは関係がありません。「それらの間に，明瞭な区別は全く存在しない」。He is *in no way* to blame. (＝He is *not* to blame in *any* way.)「彼はどんな点でも非難されるべきではない（彼は少しも悪くない）」を，同種の熟語として覚えて下さい。　　……(B)

　(10)　(6)の not ... always と対立する全体否定の表現です。「土曜の午前は決して仕事をしない」。　　……(B)

　(11)　「ヘビがジェーンをかんだ時」，nothing の no は could be done に対する文否定。**at all** は，否定を強める熟語。これも部分否定とは無関係です。「彼女を救うためにできることは何もないと，私には分かっていた」。　　……(B)

　(12)　最後のしめくくりに部分否定をもう1題。altogether は「全く」だから「全く...ない」は全体否定と，日本語で考えてはいけないというのが，この章で私がいちばん言いたかったこと。**not altogether** という英語は，(3)の not quite などと同様に部分否定の表現だから，「あなたの仕事には満足すべき点もあるがそうでない点もある」という事態を，否定の面から見て，「あなたの仕事は，全部が立派というわけではない」の意味だと考えてゆかなくてはいけないのです。
　　……(A)

前置詞 or 接続詞？

19

(A) **During** *my stay* in *England*, I visited several old castles.
(B) **While** *I stayed* in England, I visited several old castles.
英国に滞在中、いくつかの古城を訪れた。

(A)の **During** は前置詞、my stay は名詞ですが、During my stay の全体がこの文の中でする役目は、前置詞でも名詞でもなく、あとの visited にかかる**副詞句**です。一方、in England では、「前置詞＋名詞」の全体が前の my stay という名詞を修飾して、形容詞句の役目をしています。p. 20 でも述べたようにこれが前置詞の用法です。つまり、前置詞はあとの名詞と結びついて句 (phrase) を作る単語で、前置詞のあとに主語と動詞の結びつきが来ることはありません。

(B)の **While** は I stayed in England. という、これだけで独立の文になれる固まりを、visited にかかる副詞節にまとめています。独立文をまとめて、もっと大きい文の中でのひとつの単位にする語を**従属接続詞**、または単に**接続詞**と言います。He knows **that** *I visited several old castles*. (私がいくつかの古城を訪れたことを彼は知っている) になると、that がまとめる節の全体は know の目的語になる名詞節ですが、that はやはり [従属] 接続詞です。During＋名詞、while (s+v) のような前置詞と接続詞の対応関係にも注意しながら、Exercise をやってみて下さい。

Exercise　下線部が、(A) 前置詞か、(B) 接続詞かを言いなさい。

(1) After you have written the letter, let me see it.
(2) All the boys except Piggy started to giggle.
(3) Because the water had risen, we could not cross the river.
(4) Before he came to the factory, he was studying to be an engineer.
(5) Before the First World War, the farmers used to use horses instead of tractors.

19 前置詞 or 接続詞？

(6) Don't disturb me <u>unless</u> there is an urgent telephone call.
(7) Don't turn the gas on again <u>until</u> the gasman tells you it's safe to do so.
(8) He was from the east and <u>until</u> the age of forty had never been on horseback.
(9) It's surprising that he should call on you <u>after</u> what you said to him.
(10) Let's think seriously <u>about</u> what to do.
(11) <u>Once</u> a boy enters a public school, his future is assured.
(12) Oslo is famous <u>as</u> a clean and beautiful city.
(13) The players got excited <u>as</u> the game went on.
(14) The price rose very rapidly in 1983～4, but <u>since</u> then it has risen very little.

---

(1) I'll see you *after*.（あとで会おう）の after は副詞ですが，問題文を「あとであなたは手紙を書いた」と読むのでは，let me see it が前につながらなくなってしまいます。**After** は you have ... the letter を副詞節にまとめる**接続詞**。let me see it は命令法であるために主語を欠いた主節です。「手紙を書いてしまったら，そのあとで私にそれを見せなさい」。　　　　　　　　　　　　……(B)

(2) All the boys が主語，started が動詞。**except** は「...を除いて」という意味の**前置詞**。「ピギー以外の男の子は，みんなくすくす笑った」。except は前置詞，unless（⇒(6)）は接続詞と覚えましょう。　　　　　　　　　　　　……(A)

(3) **Because** は the water had risen を，「理由」を示す副詞節にまとめる**接続詞の役目をしています。「増水のため川を渡れなかった」**。We could not cross the river *because* the water had risen. なら，「川は渡れなかった。なぜなら増水していたからだ」と訳してもよいが，Because ⓢ+ⓥ，S＋V の構造を持つ問題文を，「なぜなら，川が増水していて，我々は渡れなかった」と訳すのが，なぜ誤りなのか考えて下さい。cf. We changed our plan *because of* her late arrival.（because of は熟語の前置詞）彼女が遅れて来たので，私たちは計画を変えた。　　……(B)

(4) これも，**Before** が he came ... と he was studying を Before ⓢ+ⓥ，S＋V の形でまとめている文ですから，Before は**接続詞**。「彼は工場に来る前，技術

者になるために勉強していました」。cf. Have you ever been there *before*（＝副詞）？（前にそこへ行ったことがありますか） ……（B）

(5) **Before**＋名詞，S＋V ですから，(4)とちがって，こちらは**前置詞**。「第一次大戦前には，農民はトラクターでなく馬を使っていたものだ」。……（A）

(6) Don't disturb me が，(1)と同様に命令法の主節。**unless** のあとの there is 構文が従属節ですから unless は**接続詞**。unless は if に否定の意味を加えた接続詞で，*if* there is *no* ... call と書いたのと同じです。「緊急の電話がかかってきたとき以外は，じゃまをしないでもらいたい」。……（B）

(7) Don't turn ... が，(1)と同様に命令法の主節。until the gasman tells ... が従属節ですから **until** は**接続詞**。turn the gas on の on は副詞（⇒ p.23）。to do so は，turn the gas on again を受けています。「ガス会社の人が安全だと言うまでは，ガスをつけないで下さい」。until と同じ意味，用法で使われる till（接続詞・前置詞）も研究して下さい。……（B）

(8) は難しい問題。until the age（＝S）... had never been（＝V）と until を接続詞に読むのでは，意味が通らないだけでなく，and の働きが説明できません。この文は，He was ... and ... had never been の and のあとに **until** the age of forty が挿入されたもので，until は**前置詞**。「彼は東部出身で40歳まで馬に乗ったことがありませんでした」。……（A）

(9) after のあとに you said があるから after は接続詞と，簡単に考えてはいけません。前置詞はあとに目的語として名詞をとるのが原則ですが，関係詞の what や，疑問詞，接続詞がまとめる名詞節を目的語にすることもできるのです。この問題の **after** は**前置詞**。what ... him が目的語。your words が what you said to him にひろがったと考えることもできます。「あなたが彼にあれだけ言ったのに訪ねてくるとは意外です」。次の2つの文（about と on は前置詞）も研究して下さい。……（A）

 cf. 1. You must be careful **about** *how you handle it.*
    それの扱い方に気をつけよ。
  2. It depends **on** *whether we have enough money.*
    それは私たちに十分な金があるかどうかで決まる。

(10) to 不定詞は，前置詞の目的語になることができません。しかし，疑問詞＋to—の場合には，それが可能になります。この問題がその例で **about** は**前置詞**。「どうしたらいいか真剣に考えてみよう」。……（A）

⑲前置詞 or 接続詞？

(11)　His name wasn't mentioned *once*.（彼の名前は一度も話に出なかった）の once は副詞ですが，問題文の **once** は a boy enters... と his future is... を結ぶ**接続詞**。Once (s+v) S+V の形になっています。「男の子は，一度パブリックスクールへ入ってしまえば，将来は保証される」。　　　　　　　　　……(B)

(12)　**as** のあとが名詞だけですから，as は**前置詞**。前置詞の as は「...として」という意味が中心です。「オスローは，清潔で美しい都市として有名です」。
　　　　　　　　　　　　　　　　　　　　　　　　　　　　　　……(A)

(13)　**as** the game(＝S) went(＝V) ですから，as は**接続詞**。S+V as (s+v) の形。「試合が進むにつれて，選手は興奮した」。　　　　　　　　　……(B)

(14)　I have lived here *since* I was ten years old.（私は10歳の時からここに住んでいる）の since は接続詞ですが，問題文では since then の前に，The price rose ... とあとの it has risen を結ぶ，等位接続詞の but があります。*But* **since** then (＝that time) it has... と書いたのと同じですから since は前置詞。「1983～4年には，物価がどんどんあがったが，その後はほとんどあがっていない」。　……(A)

関係詞 or 接続詞？

20

(A) There's an old saying **that** you must have heard many times. あなたがきっと何度も聞いた古い諺がある。
(B) There's an old saying **that** time and tide wait for no man. 歳月人を待たずという古い諺がある。

　(A)と(B)は，There's an old saying that までは全く同じ。ちがいは，そのあとにあることになります。(A)の have heard のあとには，many times という前置詞のつかない名詞がありますが，これは often という副詞と同じ働きをする熟語。名詞の副詞的用法（⇨ p. 97）で heard の目的語ではありません。では heard の目的語になるのは，**関係代名詞**の that。この文は，There's an old *saying*. と You must have heard the *saying* many times. が関係代名詞で結ばれたもので，that … times は saying にかかる形容詞節。意味は，「あなたがきっと何度も聞いた古い諺がある」ですが，古い諺というのは，具体的には何でしょう。「歳月人ヲ待タズ」でしょうか。「精神一到，何事カ成ラザラン」でしょうか。もちろん分かるはずはありません。それは書いてないのですから。このことをまずアタマに入れて下さい。

　(B)の time and tide wait for no man は，これだけを取り出してもひとつの文になります。独立文に等しいものを，もっと大きな文の中のひとつの単位にまとめる that は**接続詞**。接続詞の that がまとめる節は，前に so や such がなければ名詞節になるのが約束。この文では an old saying ＝ that time … wait for no man という関係で，that-Clause は前の an old saying に対する修飾語ですが，文法の約束で，形容詞節と言わずに，an old saying と同格になる名詞節，ちぢめて**同格名詞節**と言います。(A)とちがって，この文では，諺の内容がハッキリ言われていることに注意しましょう。

　(A)と(B)の区別は，that 以下の部分が主語・目的語・補語を欠いているか（**関係詞**），それだけを取り出して独立の文になるか（**接続詞**）に注目すれば簡単に分かるわけです。この区別は文の意味に関係するのでとても重要なのですが，もうひとつ大切なことがあります。(A)の関係代名詞の場合，先行詞

20 関係詞 or 接続詞？

になる名詞はどんな名詞でもよいわけですが，(B)の場合には名詞＝that-Clauseという関係が成立しなければならないので，名詞は特別な名詞にかぎられます。「主語が動詞であること」という抽象的な命題と，manやdeskのような具体的な人や物を示す名詞が＝の関係になることはあり得ません。この場合の名詞は，原則として単数形が使われるのもそのためです。

Exercise　下線部が，(A)の用法か，(B)の用法かを言いなさい。

(1) The old man that lives next door has just died.
(2) No one can deny the fact that smoking leads to cancer.
(3) Nothing came of the hope that she had nursed a long time.
(4) Climbers secure themselves with a rope, even on courses that they know to be safe.
(5) The thought that women should stay in the home was still generally accepted.
(6) The photograph that you have been looking at was taken by my uncle.
(7) Americans have a number of customs and habits that at first may seem puzzling to a visitor.
(8) The belief is commonly held that cancer is an incurable disease.
(9) When she was six years old, something happened that changed her life completely.
(10) Henry Ford got the idea that, if each worker could be taught to do just one thing and to do it over and over, nobody need be highly skilled.

(1) は簡単。that lives ... の lives の主語は，**関係代名詞**の that 以外にありません。man があとに同格名詞節をとれないことも言いました。「隣りに住んでいる老人が，今なくなりました」。　　　　　　　　　　　　　　　　……(A)

20 関係詞 or 接続詞？

(2)「タバコがガンの原因になるという事実は，誰も否定できない」。smoking … cancer は，取り出せば独立文になれます。fact は，**同格名詞節**を続けられる名詞の代表ですが，The fact *that* he has *stressed* is false.「彼が強調した事実は誤りだ」の that は関係代名詞であることにも注意。 ……(B)

(3) nursed が他動詞で，that はその目的語になる**関係代名詞**です。a long time は for a long time と同義の副詞句。副詞的用法の名詞（⇒ p.97)。「彼女が長い間抱いていた希望からは何も生まれなかった」。cf. There is no hope *that*（＝接）she may succeed.「彼女が成功する見こみはない」。 ……(A)

(4) 複数形の courses（コース）のあとですから，that は**関係代名詞**が第一感。節の中を独立させると They know *the courses* to be safe. で，that は know の目的語になることを確認します。「登山者は，安全であることが分かっているコースでも，登山用のロープを使って，身体を確保する」。 ……(A)

(5) women … the home が独立文になりますから that は**接続詞**。「女性は家庭に留まるべきだという考えが，まだ一般に認められていた」。 ……(B)

(6) you have been looking だけなら欠けている要素はありませんが，よく見ると at がついています。that は，前置詞 at の目的語になる**関係代名詞**。「あなたが見ていた写真は，私のおじが撮ったものです」。The photograph ＝ that-Clause という関係が成立するはずがないことにも注意。 ……(A)

(7) at first という副詞句を除いてみれば，that が may seem の主語，従って**関係代名詞**であることが分かります。「アメリカ人は，外国人には最初は奇異に見えるかもしれない多くの慣習や習慣を持っている」。名詞＝that-Clause の関係が成立しないのも (6) と同じ。 ……(A)

(8) cancer is … disease は独立文にできますが，that の前に名詞がありません。これは that-Clause で説明される the belief が文の主語になっているため。「ガンは不治の病気であるという信条が一般に抱かれている」。 ……(B)

(9) 文末におかれた**関係代名詞節**の先行詞が文頭の主語になっている例。something, anything, everything などの語には，同格名詞節を続けられないことにも注意しましょう。「彼女が6歳の時，彼女の人生をすっかり変えてしまうようなことが起こった」。 ……(A)

(10) that-Clause の内部が if (s+v) S+V の構成になっています。that の品詞と if (s+v) の中味に直接の関係がないのは、(7) の at first が that の品詞と無関係なのと同じです。nobody … skilled が独立文と同じ構成ですから，that は**接続詞**。「ひとりひとりの労働者がただひとつのことを，それもくり返しくり返しすることを教えられれば，高度の技術を持つ人はいらなくなるだろうと，ヘンリー・フォードは思いついた」。 ……(B)

21 形式主語…名詞節 or 強調構文？

(A) **It** was a pity **that** John left school.
　　ジョンが学校を中退したのは残念だった。
(B) **It** was Harry **that** told the police.
　　警察に通報したのはハリーでした。

I found *a book*. **It** was so interesting that I spent several hours reading it.（私はある本を見つけた。とても面白かったので数時間かけて読んだ）という文では，It は前の a book を受け，that は前の so と関連して so ... that の形になります。It と that の間に直接の関係はありません。It ... that の結びつきは，強調されることが多いので，皆さんの中には It と that の結びつきが目に入ると，それだけで It と that に関係があると決めこんでしまう人が多いのですが，It ... that とあっても両者が無関係の場合も多いことを，まずしっかりアタマに入れて下さい。

It と that が関係する場合に話をかぎると，3つのケースがあります。

(1) **It＋自動詞＋that …**　　*It seems that* it is raining outside.（外は雨が降っているようだ）の場合です。この文の that は**接続詞**ですが，It については定説がないので，It is raining outside. のような独立文の前に *It seems（appears）that* を加えると，「…のようだ」の意味が加わると覚えます。

(2) **It**（形式主語）**…that**（＝接続詞）　　表題文(A)の場合です。It のあとに一般動詞が来ることもありますが，大部分は be 動詞。be のあとに補語が続いて，It is **名詞**(**形容詞**)that … になるか，It is **p.p.** that … の形になるのが普通です。

(3) **It is … that …**（強調構文）。表題文(B)の場合です。このときは It や that という個々の単語の働きにはあまりこだわらずに，「独立文の一部が It is … that によって前に引き出されて強調されることがある」と考えるのがよいのですが，「一部」と言っても，引き出されるものは，名詞と副詞［要素］（⇨ Exercise (5), (8)）だけ。形容詞や

過去分詞がこの形で強調されることはありません。

　前おきが長くなりましたが，この項の中心になる「形式主語…名詞節」と，It is…that の強調構文の区別の問題に入ります。区別と言っても，(1)の It＋自動詞＋that… を除けば，あとの

　　It goes without saying **that** health is above wealth.
　　健康が富にまさることは，言うまでもない。
　　It seems obvious **that** we can't go on like this.　こんなふうに続けて行くことができないのは，はっきりしているように見える。

のように，**It＋一般動詞**の場合は，**形式主語…名詞節**に決まっています。It *seems* obvious that… は，It *is* obvious that… の is が seems に変わったもので，前頁の分類の(1)ではなく(2)に属するのですが，とにかく，強調構文は It is…that… であって，It＋一般動詞ではないのですから。また，**It is 形容詞（p.p.）that…** の場合も，形容詞や過去分詞がこの形で強調されることがない以上，**形式主語…名詞節**に決まっています。逆に，*It was* yesterday *that* he came.（彼が来たのは昨日だった）のように，**It is 副詞 that** の場合は強調構文です。形式主語＋is のあとに来るのは補語か p.p. で副詞が来ることはないのです。

　やっかいなのは **It is 名詞 that…** の場合。この場合は２つの可能性があるからですが，よく考えてみると，それほど面倒なことでもありません。表題文をよく見て下さい。(A)の形式主語…名詞節の場合，that-Clause の内部の *John left school.* は，それだけで独立の文になります。that が**接続詞**なのだから当然のことですが，一方，(B)の強調構文では，*told the police* だけでは独立文になりません。主語の Harry が It was…that によって前に引き出されているのですから，これも当然。*It was* this hat *that* I bought in Paris.（私がパリで買ったのはこの帽子だ）のように，目的語が強調されているときには，that 以下は目的語を欠くことになります。まとめると，**that 以下の文で主語か目的語が欠けていたら強調構文**と考えればよいのです。

21 形式主語…名詞節 or 強調構文?

Exercise　下線部が，(A)の用法か，(B)の用法かを言いなさい。

(1) It is certain that he took a wrong train.

(2) It is expected that prices will rise higher and higher.

(3) It is not only the grammar that makes English a difficult language.

(4) It is of great importance that you share the feelings of others.

(5) It is only when we are young that we think love is everything.

(6) It is the girl that I was complaining about.

(7) It's the other book, not that book, that I want to read.

(8) It was not until yesterday that I noticed it.

形式主語…名詞節と強調構文の差が，意味にどう反映するかに注意。

(1) certain が**形容詞**ですから(**A**)。「彼が列車を間違えたのはたしかだ」。

(2) It be＋**p.p.**＋that…は(**A**)。「物価はますます高くなる見こみである」。

(3) **that** の直後に，主語を欠いたままで **makes** が出てきますから，**強調構文**と分かります。「英語を難しい言葉にしているのは文法だけではない」。 ……(**B**)

(4) of…ではじまる前置詞→副詞句→強調構文と早合点してはいけません。**of…importance** は important と同じ意味の**形容詞**の働きをしています。「他人の気持が分かるのは，とても大切なことだ」。 ……(**A**)

(5) It is **副詞節** that…ですから，**強調構文**。「愛がすべてだと考えるのは，若いときだけです」。 ……(**B**)

(6) that-Clause の中の **about** という前置詞に目的語がありません。I was complaining about *the girl*. から出た**強調構文**。「私が文句を言っていたのはその女のことだ」。 ……(**B**)

(7) も that-Clause の中の **to read** に目的語がありません。cf. I want to read *the other book, not that book*. 「私が読みたいのは，その本ではなく，あと1冊のほうだ」。 ……(**B**)

(8) **not until yesterday** という副詞句が強調されています。cf. I did *not* notice it *until yesterday*. 「昨日になってはじめてそのことに気がついた」。 ……(**B**)

関係代名詞 or 関係形容詞？

22

(A) She will give me **what** *she has.*
　　彼女は持っているものは私にくれるでしょう。
(B) She will give me **what money** *she has.*
　　彼女は持っているお金は全部私にくれるでしょう。

　Climate decides **what** *they wear.*（彼らが何を着るかは，気候が決定する）という文の what は**疑問代名詞**で，what she has という**名詞節**をまとめると同時に，節の中では has の目的語になっています。この文を Climate decides **what clothes** *they wear.*（彼らがどんな服を着るかは，気候が決定する）と変えたらどうなるでしょう。what clothes they wear が decides の目的語になる**名詞節**である点は同じですが，wear の目的語は clothes で，what は clothes にかかる**形容詞**に変わっています。*What clothes* do they wear? の What と同じ働き，つまり，**疑問形容詞**の働きですが，疑問形容詞にも名詞節をまとめる働きがあるわけです。

　表題文(A)の **what** は，what she has を give の直接目的語になる名詞節にまとめていますが，意味から言って，疑問代名詞でなく**関係代名詞**。「彼女が持っているもの」です。(B)はどうでしょう。what が money にかかって形容詞の役目をしながら what money she has を名詞節にまとめているのは，上の *what clothes they wear* と同じですが，今度は，「彼女がどんな金を持っているかを私にくれる」では，意味が通りません。そんなものをもらっても，ちっともうれしくはないのです。この *what money* は，**all the money that**〈she has〉の意味。what は all the という形容詞の役目と関係代名詞の役目を兼ねているので，**関係形容詞**と呼ばれます。関係形容詞には **what** と **whatever**，それに働きはだいぶちがうのですが **which** があります。そのひとつひとつの働きを，Exercise で調べてゆくことにします。

Exercise　下線部が，(A)関係代名詞か，(B)関係形容詞かを言いなさい。

22 関係代名詞 or 関係形容詞？

(1)　<u>What</u> little he said on the subject was full of wisdom.
(2)　<u>What</u> people call applied science is the application of pure science to particular classes of problems.
(3)　<u>Whatever</u> has a beginning also has an end.
(4)　You may read <u>whatever</u> book is interesting to you.
(5)　He had to do things in his own way with <u>whatever</u> tools he could use.
(6)　<u>Whatever</u> excuses he may make, we cannot pardon him.
(7)　There was a good slope <u>which</u> children often used for their sledges.
(8)　The doctor told him to take a few days' rest, <u>which</u> advice he followed.
(9)　The effectiveness of human society is dependent upon the efficiency with <u>which</u> language is used or understood.
(10)　I may have to work, in <u>which</u> case I'll call you.
(11)　Tom looked at Maggie, <u>whose</u> face was a bit pale.

------

(1)　**What little** は，関係形容詞の what を含む，「少ないがそのすべて」という意味の熟語。「彼は，その問題についてわずかしか言わなかったが，すべて英知に富んだ発言だった」。I gave him *what little money* I had.（私は持っていたわずかな金を全部彼にやった）のように，what little＋名詞という言い方もあります。
　　　　　　　　　　　　　　　　　　　　　　　　　　　　　　……(B)

(2)　What のあとに名詞が続いていれば，すぐ関係形容詞と思いこんではいけません。この **what** は call の目的語になる**関係代名詞**です。「人々が応用科学と呼んでいるもの（いわゆる応用科学）は，純粋科学を特定の種類の問題に応用したものである」。
　　　　　　　　　　　　　　　　　　　　　　　　　　　　　　……(A)

(3)　1語の **whatever** が2語の anything that（＝関係代名詞）と同じ働きをして，also has an end の主語になる**名詞節**をまとめています。has a beginning の主語の役目も，問題文では whatever がはたすことになるのに注意しましょう。whatever は**関係代名詞**。「はじめのあるものにはすべて終わりもある」。
　　　　　　　　　　　　　　　　　　　　　　　　　　　　　　……(A)

22 関係代名詞 or 関係形容詞?

(4) whatever にも，あとの名詞にかかりながら節をまとめる**関係形容詞**の用法があります。この問題がそれで，whatever は book を修飾するとともに，節全体を read の目的語になる**名詞節**にまとめています。関係形容詞の whatever が導く名詞節は，*all*＋名詞＋*that*... の意味になった what＋名詞とはちがって，**any**＋名詞＋**that**... になるのが約束。この文なら，... read *any* book *that* is interesting to you になるわけです。「面白いと思う本なら，どんな本でも読んでよい」。book が is の主語になっていることにも注目しておいて下さい。　　　……(B)

(5) 関係形容詞の whatever ではじまる名詞節が，前置詞の目的語になっています。... with *any* tools *that* he could use と同じ意味。tools は節の中では，動詞の目的語です。「彼は使える道具ならどんなものでも使って，自分のやり方でものごとをしなければならなかった」。　　　……(B)

(6) **Whatever** excuses he may make の中では excuses が make の目的語ですから，Whatever は excuses にかかりながら節をまとめる**関係形容詞**の働きをしています。しかし，節全体の働きは何でしょう。we cannot pardon him は，取り出せば独立の文。これに外側からかかる Whatever ... make は**副詞節**と説明されることになります。(3)~(5)の whatever とはちがって，この whatever excuses は，**no matter what** excuses と言いかえることができます。副詞節を導く whatever は no matter what で言いかえられると覚えましょう。「彼がどんな弁解をしても，彼を許すことはできない」。　　　……(B)

(7) からちょっと別の問題になります。まずこの文の **which** children ... used ですが，これは Children used *the slope* for their sledges の the slope を，**関係代名詞**の which に変えて，前の a good slope を修飾する**形容詞節**にしたものです。which は節の中では used の目的語であって，which と children の間に直接の結びつきはありません。まずこのことを，しっかり確認して下さい。「子供たちがそりで遊ぶのに使う，よい斜面があった」。　　　……(A)

(8) はだいぶちがいます。The doctor told him to take a few days' rest は V＋O＋to—の構文。「医者は彼に数日間休養するようにと言った」。**which** advice he followed の followed は他動詞ですが，その目的語になるのは，which でなく advice。*which* は advice にかかる定冠詞または形容詞，広く言えば**形容詞**の働きと，... advice he followed を前に結びつける**等位接続詞**の働きをしており，この文を書きかえれば *and he followed the* (*that*) advice となります。こういう which

— 85 —

22 関係代名詞 or 関係形容詞？

は関係形容詞と呼ばれるのですが，必ず連続（非制限）用法で使う，つまり前にコンマを置いて使うことを記憶しましょう。「そしてその忠告に彼は従った」。
……（B）

　ここで(4)～(6)の whatever へもどって下さい。関係形容詞の whatever の中には，**形容詞の any** と，**関係代名詞の that** が含まれていると説明しました。同じ関係形容詞でも which の場合，そこに含まれているのは，**形容詞の that (the)** と **等位接続詞の and** や but ですから，両者は働きが根本的にちがいます。別種の言葉と言ってもいいくらいなのに，関係形容詞という同じ文法用語でまとめられているため，みなさんは，両者を混同して迷路に入ってしまうことが多いのです。whatever と which のちがいを，もう一度考え直してみて下さい。

(9)　The effectiveness ... the efficiency は，「人間社会の効果的な運営は…能率にかかっている」の意味。with **which** 以下は，the efficiency にかかる形容詞節。Language is used or understood with *efficiency*. を関係詞の節に変えたものですから，which は with の目的語になる**関係代名詞**。which と language の間に直接の関係はありません。「人間社会の効果的な運営は，言語を使い理解する際の能率に（言語がどの程度能率的に使われ理解されるかに）かかっている」。　……（A）

(10)　(9)は with which language is で，which と language の間に意味の切れ目がありましたが，この問題は in which case I'll call you と切るのでは case が説明できなくなります。in の前にコンマもあります。**which** を case にかかる**関係形容詞**と理解して，*and* in *that* case I'll call you と同じ意味に理解します。「私は働くことが必要になるかもしれませんが，その場合は電話します」。　……（B）

(11)　a bit は a little の意味。「トムはマギーを見たが，彼女の顔は少し青ざめていた」。**whose** は face という名詞にかかりながら，Maggie にかかる形容詞節をまとめている点は，関係形容詞の which と同じですが，中に所有格の代名詞と同じものを含むので，**関係代名詞の所有格**と定義されます。　……（A）

　上の説明ではよく分からない，(8)の which advice は「その忠告」だが，(11)の whose face も「その顔」と訳せるではないか，と言う人は，まず「その本はよい本です。その著者は誰ですか」という日本語を考えてみて下さい。2つの「その」は，どちらも同じ形をしていますが，あとの「その」は「それの著者」と言いかえられるのに，前の「その」を「それの本」と言いかえることはできません。「その本」の「その」は，ある本をさして，それを当面の話題として特定する働きしかしていないのに，「その著者」は「その本の著者」をちぢめて言う表現であって，

「著者」とは別の「本」という内容が含まれているからです。英語ではどうでしょう。前者は the (that) book だけなのに，後者は常に，book を受ける代名詞を使って，*its* author (the author *of it*) になります。(8)の which advice の which は，「前で述べられているその忠告（＝that advice）」というだけです。There was a doctor, **whose** advice I followed.（＜*and* I followed *his* advice. ...「ひとりの医者がいて，私はその（彼の）忠告に従った」）の whose とは用法がハッキリちがうのです。He sat by the side of a fair young lady, in **whose** eyes there were tears.（彼は美しい若い婦人のそばに座っていた。そして，その人の眼には涙があった）という文も (10) と比べてみて下さい。

　（注）　You will find whatever you need.（⇒ 24 —(11)）で，whatever が you と無関係であることは，簡単に分かると思います。whatevr が代名詞の you にかかることはあり得ないからです。(2), (7), (9) で関係代名詞のあとに冠詞や所有格のない名詞がいきなり出ているのは，出題者のイジワル。実際の英文では，代名詞のほかにも次のように，冠詞や所有格の存在によって，what や whatever, which があとに出る名詞と無関係であることが示されている場合のほうがずっと多いのです。

　　It depends on **what** his wife says.（それは彼の妻がどう言うかで決まる）
　　You must come home early, **whatever** the others do.（⇒ 24 —(12)）

名詞節 or 形容詞節？

23

(A) I *know* **where** he lived.
　　私は，彼がどこで暮らしていたか知っている。
(B) I remember *the house* **where** he lived.
　　私は，彼が暮らしていた家を覚えている。

　19〜22は節（＝Clause）の内部がどういう構造を持つかという問題が中心でした。23, 24は大きな文全体の中で節がどのような働きをするかという問題に焦点が移ります。

　表題文では，(A)(B)ともに where he lived は，内部に S＋V の構造を持ちながら，where によってまとめられて，もっと大きな文の一部になっています。こういうかたまりは，文法では節（＝Clause）と呼ばれるのですが，(A)では，where he lived の全体は know の目的語になっていますから名詞の働き，つまり**疑問詞**の where によってまとめられる**名詞節**です。一方，(B)の where he lived は前の the house に対する修飾語になっています。名詞に対する修飾語ですから形容詞の働き，つまり，全体は**関係副詞**の where によってまとめられる**形容詞節**ということになります。

　名詞節をまとめるのは**接続詞**と**疑問詞**，形容詞節をまとめるのは**関係詞**です。そのひとつひとつについて Exercise で検討してゆきますが，その前に確認せねばならぬことがあります。関係詞には**関係代名詞**と**関係副詞**があっても，名前の区別は関係詞が節の中ではたす役割についてのものです。関係代名詞が代名詞節（こういう用語は文法にはありません）を導くものでないのと同様に，**関係副詞は副詞節をまとめる語ではありません**。どちらも，まとめるものの全体は名詞を修飾する形容詞節であることを，ハッキリ頭に入れることからはじめて下さい。

Exercise　下線をした語が，(A)名詞節，(B)形容詞節のどちらをまとめるかを言いなさい。

(1)　There is no one here <u>that</u> you need to be afraid of.

23 名詞節 or 形容詞節？

(2) You will say at first sight <u>that</u> he is a man of intellect.
(3) I believe you know <u>who</u> was responsible for the accident <u>that</u> occurred yesterday.
(4) It matters little <u>who</u> does it so long as it is done.
(5) No one can love his country <u>who</u> does not love his school.
(6) I have no idea <u>which</u> way I should go as I am a stranger here.
(7) The man gave me a letter <u>which</u> he requested me to read.
(8) He asked for a job <u>where</u> his brains would be of use.
(9) Nobody asked me <u>where</u> I had been staying these two months.
(10) The time will come <u>when</u> you will be sorry for it.
(11) There is no telling <u>when</u> we may meet with a traffic accident.
(12) It is a mystery <u>why</u> he had to kill himself.

---

(1) **that** 節の場合は，**名詞節**なら節の中が取り出せば独立文になるはずですし，関係代名詞の that ではじまる**形容詞節**なら，節の内部だけでは主語または動詞か前置詞の目的語が欠けているはず（⇨ p. 77）。節の構成を中心に考えればよいことになります。問題文は，最後の afraid of のあとが空いていますから，**that** は of の目的語になる**関係代名詞**。先行詞は，here をひとつ飛びこえて no one です。「ここには，あなたが恐れなくてはいけないような人はいない」。 ……（B）

(2) he is a man of intellect が独立文と同じ構成ですから，**that** は**接続詞**。ただし，この that のまとめる節は，直前の sight と同格になる名詞節（⇨ p. 77）ではなく，say の目的語になる名詞節です。「ひと目見れば，彼のことを知性のある人だと言うだろう」。It ... that （＝名詞節）の形については，⇨ p. 80。 ……（A）

(3) **who** は，疑問代名詞の場合も関係代名詞の場合も，節の中で代名詞として働きますから，節の構成ではなく，文全体の構成から節の働きを考えることになります。you know のあとには know の目的語になる名詞が来るはずですから，**who** was responsible for ... は**名詞節**。the accident **that** occurred ... の that が occurred ... を**形容詞節**にまとめる**関係代名詞**，先行詞が the accident であることは，見た瞬間に分からなくてはいけません。「昨日起こった事故の責任は誰にある

23 名詞節 or 形容詞節？

のか，あなたはきっと知っていると思う」。　　　　　　　……(A)，(B)

(4) little が先行詞，who が関係代名詞と考えるのでは，意味がまとまりません。*Who does it matters little.* なら，Who does it が主語になる**名詞節**，matters が「重要である」という意味の動詞，little が「少ししか…ない」という意味の副詞で，「誰がそれをするかはあまり重要ではない」とまとまりますが，この文はその変形。形式主語の It を使って，who does it を little のあとにまわした構文なのです。so long as は if only (…さえすれば；…かぎり) の意味の熟語の接続詞。「それがなされさえすれば，誰がそれをするかは，あまり重要ではない」が全体の意味です。　　　　　　　　　　　　　　　　　　　　　　　　……(A)

(5) No one can love his country は，主語・目的語の点で完全ですから，さらに名詞節が加わる余地はありません。では **who** は関係代名詞，who does not…は**形容詞節**ですが，who の先行詞は何でしょう。country は「物」ですから who の先行詞にはなれませんし，それでは意味もまとまりません。who の先行詞は no one。意外に思う人がいるかもしれませんが，S (＝先行詞)＋V…＋関係詞という形で，文が一応終わってから，主語を先行詞にする関係詞の節を加えるのは，英語のひとつの言い方なのです (⇒20─(9))。「自分の学校を愛さない人は，国を愛することもできない」。　　　　　　　　　　　　　　　　　　……(B)

(6) は難しい。まず Which way should I go? という疑問文からはじめましょう。この文の Which は疑問代名詞でなく，疑問形容詞で way という名詞にかかりながら，疑問文を作っています。「私はどちらへ行くべきか」ですが，疑問形容詞にも名詞節をまとめる働きがあることは，p.83 でやりました。問題文の which way I should go… は，それに相当します。この**名詞節**が文全体の中でどう働くかが次の問題。have no idea は，あとに疑問詞ではじまる節を直接に続けて，「…を知らない」という意味で熟語として使えるのです (⇒18─(4))。この場合，疑問詞節は，idea と同格の**名詞節**と説明されます。疑問形容詞ではじまる名詞節と，have no idea，この2つを覚えることを，この問題は主眼にして下さい。「このあたりははじめてなので，どちらへ行ったらいいか分からない」。　　　　　　……(A)

(7) …a letter までが完全な文の構造ですから，**which** は a letter を先行詞にする**形容詞節**をまとめる関係代名詞と見当をつけるところからはじまります。which は節の中では to read の目的語。He requested me to read *the letter*. の the letter が関係詞に変わってできた節です。「男は，私に手紙をくれてそれを読んで下さい

23 名詞節 or 形容詞節？

と言った」。　　　　　　　　　　　　　　　　　……(B)

(8)　a job は厳密な意味の「場所」ではありませんが，比喩的な意味での「ひろがり」を持つと感じられ，**関係副詞**の where で修飾できます。「彼は自分の頭脳が役立つような仕事を求めた」。where 以下は**形容詞節**。　　　……(B)

(9)　asked me のあとですから，**where** ... は**疑問副詞**にはじまり，asked の直接目的語になる**名詞節**を導きます。「この2か月どこに滞在していたのか，誰も私に聞かなかった」。　　　　　　　　　　　　　　　　……(A)

(10)　when ... を，「... の時には」と副詞節に読むのでは，意味が分からないだけでなく，「時」と「条件」の副詞節の中では，「単純未来」の代わりに「現在形」を使うという文法の規則にもそむくことになるのに気がつきましたか。**when** は**関係副詞**で，先行詞は，(5)と同様に，主語の The time。節の種類は**形容詞節**です。「あなたがそれを残念に思う時が来るだろう」。　　　　　　　　……(B)

(11)　There is no ─ing は「─できない」という熟語表現。**when** 以下は telling の目的語になる**名詞節**。when は**疑問副詞**。「いつ交通事故にあうか分からない」。
　　　　　　　　　　　　　　　　　　　　　　　　　　　……(A)

(12)　The reason *why* he came so early is not evident.「彼がそんなに早く来た理由はハッキリしない」の why は関係副詞で，why 以下は形容詞節ですが，この why の先行詞は The reason にほぼかぎられます。問題文の **why** 以下は**名詞節**で，形式主語の It と関連する，実際上の主語 (⇒(4))。「彼がなぜ自殺したのかふしぎだ」。　　　　　　　　　　　　　　　　　　　　　　　　　　　……(A)

名詞節 or 副詞節？

24

(A) Please ask him **if** he can help us.
　　手伝ってくれるかどうか、彼に聞いて下さい。
(B) We're sure to succeed **if** he can help us.
　　彼が手伝ってくれれば、成功は確実だ。

23 に続けて、今度は名詞節か副詞節かの問題をやりましょう。節の内部構造がその性質の決定に大きく関係した形容詞節が今度は含まれていないので、この項では大部分の場合に、節が文全体の中でどう働くかが、問題解決のカギになります。節を除いた場合に、文の中に主語、補語、または動詞・前置詞の目的語が欠けることになれば節は**名詞節**、そうならなければ節は**副詞節**と考えてゆくわけです。

(A)は、「彼が手伝ってくれるなら…」では、文意がまとまらないし、尋ねることの内容がありません。**if** を「…かどうか」の意味で名詞節をまとめる接続詞, if 節の全体は, ask の直接目的語になる**名詞節**と考えることになります。

(B)は、We're sure to succeed が、それだけを取り出しても独立の文, **if** の節は、その外側からの修飾語。こういう場合は if … は仮定を示す**副詞節**ということになるのです。

Exercise　下線をした語が、(A)名詞節, (B)副詞節のどちらをまとめるかを言いなさい。

(1) <u>That</u> people should do such things is a surprise.
(2) The stream was so polluted with garbage <u>that</u> the fish died.
(3) Such was my anger <u>that</u> I lost control of myself.
(4) <u>Whether</u> you pay in cash or by check, it makes no difference.
(5) Write to us <u>whether</u> you will come to visit next month.
(6) He had nothing to say as to <u>when</u> he expected her to come back.
(7) It is necessary to plant a tree <u>where</u> it will get the rain.

(8) <u>Where</u> the line is drawn between the rights of the individual and those of society is an empirical question which men have settled in different ways.

(9) <u>Whoever</u> has to deal with young children learns <u>that</u> too much sympathy is a mistake.

(10) <u>Whoever</u> rings, tell him I'm out.

(11) I'm sure you'll find there <u>whatever</u> you need.

(12) You must come home early, <u>whatever</u> the others do.

---

(1) 形容詞の that を，複数を示す people の前に置くことはできません。それなら，Those people になるはず。では **That** は接続詞と考えられましたか。接続詞の that が導く節は，so や such が前になければ**名詞節**が第一感。文の先頭の名詞節ですから，That の節は主語，節に続くのは述語動詞と考えて，people should do such things のあとの is を見ることで，自分の解釈の正しさを確認します。「人々がそんなことをするのには驚く」。(脚注参照)　　　　　……(**A**)

(2) was so polluted の所で，「川がそれほど汚染されていた」と考えられることがたいせつ。「それほど」とは「どれほど」かと考えているから，so の内容を説明する that の節が見つかって，so ... that の構文で that ... は副詞節だと考えられるのです。「魚が死ぬほど汚れていた」のですが，こういう所を訳すときには，前から訳すもの。「その川は，ごみでひどく汚染されていたので，魚が死んだ」。……(**B**)

(注) (9)の learns that ... は，learns something の something の代わりに that の節が使われたものと考えられるので，that の節は(1)と同様に**名詞節**です。これに対し，次の各文の that 節は，普通「名詞節」と説明されますが，カッコの中の言いかえが示すように that の節は，「前置詞＋名詞」と対応するものです。これを理由に that の節が副詞節だとする考え方もありますが，ここは分類よりも，この種の表現を可能にする動詞や形容詞をひとつひとつ記憶することに力を入れて下さい。その数はごくかぎられているのですから。

　He **insists that** he is innocent. (＝He *insists on* his innocence.)
　彼は無実を主張している。

　I **am persuaded** (**sure**) **that** he is innocent. (＝I *am persuaded* (*sure*) *of* his innocence.) 私は彼の無実を信じている。

　He **convinced me that** he was innocent. (＝He *convinced me of* his innocence.)
　彼は自分が無実であることを，私に信じさせた。

24 名詞節 or 副詞節?

(3) I lost control of myself は, 独立させれば完全な文ですから, that は関係代名詞ではありません (⇒ p.77) し, anger＝that I lost ... と同格名詞節 (⇒ p.77) に考えても, うまくゆきません。I was so angry that I lost ... なら, that の節が副詞節になることを, (2)でやったばかり。My anger was *such that* ... なら, 「私の怒りはそれほどのものであった」とまず言って, 次に「それほど」とはどれほどかをthat の節で説明する such that の構文になることは分かるでしょう。語順を変えてsuch を文の先頭に出したのが問題文。**that** 以下は such の内容を説明する**副詞節**です。「私はひどく腹が立ったので, 自分を抑えられなかった」。 ……(B)

(4) **Whether** という接続詞がまとめる節は by check まで。あとの it ... difference が独立文になれますから, Whether の節は**副詞節**と分かります。副詞節をまとめる Whether は「...であろうと...であろうと」の意味。it は whether の節は内容を受けています。「現金で支払っていただいても小切手でもかまいません」。
 ……(B)

(5) Write to us は命令法。whether ... は, Write の目的語になる**名詞節**です。名詞節をまとめる whether は, 表題文(A)の if と同じ「...かどうか」の意味。「来月お出でになるかどうかをお手紙で知らせて下さい」。 ……(A)

(6) as to は熟語の前置詞,「...について（関して）」。when の節は as to の目的語ですから**名詞節**。when が名詞節をまとめるときは, Night is *when* most people go to bed.（夜はたいていの人が寝るときだ）のような例外を除けば, when に疑問の意味が含まれるのが原則。「彼女がいつもどってくると考えているかについて, 彼には言うべきことが何もなかった」。 ……(A)

(7) It ... to— の構文。plant a tree までが独立文の構成ですから, **where** 以下は**副詞節**。where には, at the place where (⇒ 23—(8)) の全体と同じ「...の所に（所で）」の意味で副詞節をまとめる用法があるのです。「木を植えるのは, 陽の当たる所にしなくてはいけない」。 ……(B)

(8) Where で文がはじまっていますが, 疑問文なら Where is the line drawn ... という語順になっているはず。そうなっていないのは **Where** が節をまとめるためだと考えられましたか。Where の節が終わるのは those（＝the rights）of society の所。あとの is を見ることで, Where の節は**名詞節**, is の主語と決まります。「個人の権利と社会の権利を画する一線がどこに引かれるかは, 人々がさまざまな方法で解決してきた経験的問題である」。 ……(A)

(9) -ever のつく語ではじまる節の問題に入ります。whoever, whatever が接続

24 名詞節 or 副詞節？

詞でなく，関係詞の一種と考えられるのは，これらの単語が節をまとめるだけでなく，節の中で働くため。問題文の **Whoever** は節の中で has の主語の役目をしています。節の終わりは young children，あとに続くのが S+V でなく，主語を受ける述語動詞の learns だから，Whoever のまとめるものは**名詞節**と考える手順は，(8)の場合と同じです。名詞節をまとめる whoever は，anyone who で置きかえられるというのはだいじな約束。learns に続く **that** が名詞節をまとめる**接続詞**であることについては，p. 93 の脚注参照。「幼い子供たちの面倒を見なければならない人は誰でも，行きすぎた同情が誤りであることに気づく」。……(A), (A)

(10) rings のあとに tell という動詞がすぐに続くから，Whoever の節は名詞節と早合点してはいけません。ring に s がついているのは Whoever が 3 人称単数の主語と感じられるためです。tell が Whoever の節を主語にするなら，tells になっていなくてはいけない。そうなっていないのは tell が命令法の動詞だからです。*Whoever* rings, *you must tell* him... と同じ構造の文ですから，**Whoever** の節は，[you must] tell に外側からかかる**副詞節**。him という単数形の代名詞も Whoever の中の anyone を受けて使われているのです。「誰が電話してきても，私はいないと言いなさい」。なお，副詞節を導く whoever は anyone that で置きかえて別の文にすることはできませんが，**No matter who** rings, ... と書きかえられること，逆に No matter who ... は，必ず副詞節で，名詞節にはならないことも覚えておきましょう。……(B)

(11) 前の *find* there に目的語がありませんから，**whatever** ... は**名詞節**，動詞の目的語と考えます。anything that you need とは言いかえられるが，no matter what ... と言いかえられないのは，22-(3) の Whatever has ... の場合と同じ。ただし，こちらの whatever は節の中では，主語でなく，need の目的語になっています。「あなたはそこで，必要なものは何でも見つかるだろうと，私は信じます」。……(A)

(12) You ... early, が完全な文ですから，**whatever**（=no matter what）以下は**副詞節**。whatever は節の中では，do の目的語の役目をしています。「ほかの人が何をしようと，おまえは早く帰って来なさい」。……(B)

（注） -ever のつく語ではじまる節でも，wherever, whenever, however ではじまる節は，常に副詞節で，名詞節になることはありません。

とぅーるぼっくす (Tool Box)：名詞の特殊用法

「前置詞＋名詞」の構成を持つ句は，文の中では形容詞句または副詞句として働きます（⇨ p. 20, 23, 73）。一方，前置詞のついていない名詞は，文の中で動詞の主語または，目的語，補語として働くのが，原則的な使い方です。この区別，つまり，名詞に前置詞がついているかいないかは，本書で取り扱ったような文法上の分類にあたって，最も重要な目じるしとなるものですが，それには大きな例外が3つあります。

(1) 同格　⇨英文法ミニミニ事典 p. 98。

(2) 名詞→名詞：The child was fond of blowing car horns. (その子はクルマの警笛を鳴らすのが好きだった) という文の car は名詞ですが，あとの horns に対する修飾語です。(1)の同格とちがって，この場合は car = horns という関係が修飾関係の基礎になるわけではありません。前の名詞が数えられる名詞であっても，単数無冠詞で使われることが唯一の目じるしですが，それも修飾語になる名詞が数えられないものである場合には，失われることになります。この本に出てきた「名詞→名詞」の用例を，次の一覧表で全部掲げました。その問題点を考えてみて下さい。

the **country** air [1]—(1)　　　the **world** record [1]—(11)
a **surprise** test [1]—(13)　　 a **traffic** accident [2]—(20)
snow huts [5]—(1)　　　　　 the **village** green [10]—(5)
a **tape** recorder [12]—(1)　　 the **interest** rate [14]—(8)
a **world** language [18]—(1)

village flower shows ①—(14)　some **picture** postcards ⑨—(3) an urgent **telephone** call ⑲—(6)

(3) **副詞的用法**：I studied **in** the morning.（午前中に勉強した）という文では，in the morning が副詞句の役割をすることは，前置詞の in によって示されており，I studied **the morning.** と言うことはできません。ところが，I got up early **this morning.**（けさは早く起きた）になると，this morning は got up にかかる副詞句なのに，in が前にありません。逆に I got up early **in** this morning は誤りなのです。これは this morning が，前置詞がないままで，名詞を副詞的に使う特別な用法だからです。名詞の副詞的用法は，1語の単語については見られず，2語以上の連語にかぎること，その大部分は時間に関する表現であることを，これも本書に出てきた用例を全部掲げた次の一覧表で知って下さい。

last Wednesday ③—(9)	thirty years **old** ③—(12)
one hour **long** ③—(12)	last night ④—(13)
a second ④—(18)	that morning ⑯—(4)
one morning ⑯—(5)	many times p. 77, a long time ⑳—(3)

英文法ミニミニ事典

基本的な文法用語を正確に理解していないと，勉強は空まわりしてしまうので，この本の中に出てくる文法用語の簡単な説明を次にまとめておきます。説明中の文法用語が分からなかったらここを参照して下さい。ただ，こういう用語は，定義だけですぐにすべてが分かるものではありません。定義をもとに具体例を考え，逆に具体例から定義の内容をとらえ直すという相互作用の形で理解がしだいに深まり，いつかそれが使い慣れた道具に変わっているというのが，正しい学習のあり方なのです。

ア・カ行

意味上の主語：不定詞や分詞・動名詞が示す動作をするのが誰かを示す語句のこと。S'と略す。

格 (Case)：名詞・代名詞が文中の他の語に対して持つ関係を示す語形変化を格と言い，主格 (例：I, he, she)，所有格 (例：my, his, her)，目的格 (例：me, him, her) の3つがある。

過去分詞 (Past Participle)：go, went, gone いう動詞の活用の第3の形。大部分の動詞では過去と同形。p.p.と略す。

仮定法 (Subjunctive Mood)：⇒ p.40。仮定法の動詞は，主語の人称・数による変化を受けない。

関係詞：関係代名詞，関係副詞などの総称。

関係形容詞：⇒ p.83。

関係代名詞：[代] 名詞 (＝先行詞) を修飾する形容詞節をまとめるとともに，節の中で代名詞として働く語 (that, who, which)。what の場合は，先行詞が関係代名詞の中に含まれることによって，節全体は名詞節になる。

関係副詞：名詞 (＝先行詞) を修飾する形容詞節をまとめるとともに，節の中で副詞として働く語 (where, when など)。

冠詞：a と the の2語。

間接目的語：第4文型で「人」をあらわす目的語。「物」を示す直接目的語の前に位置する。⇒ p.34。

完了形：have＋p.p.の形につけられた名称。

疑問詞：疑問代名詞（形容詞・副詞）の総称

疑問形容詞：what, which の2語。(1)疑問文を作るとともに，文の中で形容詞の働きをする。(2)これらの語ではじまる名詞節を作るとともに，節の中で形容詞の働きをする。⇒ p.83。

疑問代名詞：who, what, which の3語。(1)疑問文を作るとともに，文の中で代名詞の働きをする。(2)これらの語ではじまる名詞節を作るとともに，節の中で代名詞の働きをする。⇒ p.83。

疑問副詞：when, where, why, how の4語。(1)疑問文を作るとともに，文の中で副詞の働きをする。(2)これらの語ではじまる名詞節を作るとともに，節の中で副詞の働きをする。

強調構文：⇒ p.80

句 (Phrase)：2つ以上の単語が集まって，名詞・形容詞・副詞と同じ役割を果たすもの。句は節とちがい，その内部にS＋Vの構造を持たない。

形式主語：文の主語となる it が，あとに続く to―，動名詞，名詞節を受けているとき，その it を形式主語と言う。

形式目的語：動詞の目的語となる it が，あ

とに続く to—，動名詞，名詞節を受けているとき，その it を形式目的語と言う。

形容詞：名詞を前後から直接に修飾したり，主格補語や目的補語として用いられる語。

形容詞句：句の中で形容詞の役割をするもの。

形容詞節：関係詞に導かれて，先行詞としての名詞・代名詞を修飾する節。

原形動詞：述語動詞は，主語の人称・数・時制に応じて変化するが，このような変化を受ける前の動詞の形を，動詞の原形と言う。

原形不定詞：to のついていない不定詞。

現在分詞：⇨ p.45。

語否定：⇨ p.65。

サ　行

時制：時間的な関係をあらわす動詞の語形変化を時制と言う。

自動詞：(1)目的語・補語のいずれをも持たない動詞（第1文型），(2)補語を持つ動詞（第2文型）を，自動詞と言う。⇨ p.26, 30。

修飾：ある語句が他の語句にかかって，その意味をくわしくしたり限定したりすること。

従属節：名詞節・形容詞節・副詞節の総称。⇨ 主節。

従属接続詞：接続詞が名詞節または副詞節をまとめている場合に，これを従属接続詞と呼ぶ。単に「接続詞」と言うこともある。

主格：「格」のひとつで，名詞・代名詞が主語・補語であることを示すもの。

主格補語：第2文型の文で，自動詞のあとにくる名詞または形容詞，およびそれと同じ働きをする語句。単に「補語」と言うこともある。

主語（Subject）：文や節の中で，叙述の主題となる部分。S と略す。

主節：従属接続詞や関係詞によって，文法的に対等でない節が結びつけられているとき，文の中心になるほうの節を主節と言う。主節の一部となったり，主節あるいはその一部を修飾するものが従属節である。

述語（述部）（Predicate）：文や節の中で，主語について述べる部分。P と略す。述部の中心になるのが述語動詞である。

述語動詞：述部の中心となって，主語について述べる動詞。V と略す。動詞が単独で用いられる場合と，その前に助動詞を伴う場合がある。また，述語動詞を単に「動詞」と呼ぶことがある。

受動態：be＋p.p.によって，主語が動作を受けることを示す形。

準動詞：不定詞・分詞・動名詞の総称。

助動詞：述語動詞の中心である本動詞の前に加わって，疑問や時制・態などを示したり，可能・推量・義務などの意味をあらわす語。本書では Ⓥ と略す。

所有格：名詞に 's をつけた形。他の名詞に前からかかって，その名詞の所有者が誰であるかなどを示す。代名詞の場合は，人称・数に応じて my, your, our などの形になる。

節（Clause）：文の一部であって，それ自身の中に S＋V の関係を含むものを言う。⇨ 従属節・主節。

接続詞：語・句・節を，他の語・句・節と結びつける語。等位接続詞と従属接続詞の2種類がある。また，従属接続詞を，単に接続詞と呼ぶことがある。

先行詞：関係代名詞・関係副詞の前に位置し，それらの語が導く形容詞節によって修飾される名詞・代名詞。

全体否定：⇨ p.69

前置詞：名詞・代名詞の前に置かれて，その語と他の語との関係をあらわす語（⇨ p.20）。前置詞のあとにくる名詞・代名詞を，前置詞の目的語と言う。目的格が用いられるからである。

タ・ナ行

態：主語と動詞の関係をあらわす動詞の形。能動態と受動態の2つがある。
代名詞：名詞の代わりをする語。I, we ; this, that など。
他動詞：目的語を1つまたは2つ、あるいは「目的語＋目的補語」を従える動詞を他動詞と言う（⇒p.26, 30）。
単文：ひと組のS＋Vからなる文を、単文と言う。⇒複文。
直説法：話し手がある事柄を事実として述べる場合の述語動詞の形を言う。直説法の動詞は、主語の人称・数・時制によって変化する。⇒p.40。
直接目的語：第4文型で、間接目的語のあとに続いて、「物」をあらわす目的語（⇒p.34）。
等位節：文の中で等位接続詞によって結ばれ、文法上対等の関係にある節。
等位接続詞：文法上対等の関係にある語と語、句と句、節と節とを結びつける語。
同格：名詞①のあとに、前置詞のついていない名詞②があり、②が①を言いかえて説明している場合に、②を①と同格であると言う。
同格名詞節：⇒p.77。
動詞：主語の動作・状態をあらわす語。（⇒述語動詞）。
動名詞：⇒p.45。
能動態：主語が目的語に働きかける場合の動詞の形を、能動態と言う。

ハ行

副詞：動詞・形容詞・他の副詞・句・節・文を修飾する語。
副詞句：句の中で、副詞の役割をするもの。
副詞節：従属節の中で、副詞の役割をするもの。従属接続詞によって導かれる。
複文：主節に従属節が結びつけられた文。

不定詞：原形の動詞の前にtoをつけることで、その全体が、述語動詞でなく、名詞・形容詞または副詞の働きをしていることが示されている形。to不定詞と言うこともある。本書では、to―で示す。
部分否定：⇒p.69。
文（Sentence）：語が集まって、ひとつのまとまった意味をあらわすもの。大文字ではじまって、ピリオドまたは［？］、［！］で終わる。大部分は主語と述語から成る。
文型：動詞の種類によって行われる、単文の分類法。第1文型から第5文型まである。
分詞：準動詞のひとつで、現在分詞と過去分詞がある。
文否定：⇒p.65。
法（Mood）：話し手が物事を述べるときの態度が、述語動詞の形にあらわれたものを法と言い、直説法・仮定法・命令法の3種類がある。
補語：⇒主格補語・目的［格］補語。

マ行

名詞：人・生物・物・抽象概念などを内容とする語で、動詞の主語・補語・目的語、前置詞の目的語になるのが主な用法（⇒p.96）。
名詞節：従属節の中で、名詞の働きをするもの。従属接続詞・疑問詞・関係詞によって導かれる。
命令法：話し手がある事柄を、目前の相手に対する命令として伝える形で、原形の動詞ではじまる。
目的格：格のひとつで、他動詞や前置詞の目的語がとる語形。ただし、whoと人称代名詞以外の代名詞や名詞では、主格と目的格は同形である。
目的語：(1)動詞の目的語⇒p.30, 34 (2)前置詞の目的語⇒前置詞
目的［格］補語⇒p.34

Index

この本で取り上げた重要事項の索引です。6—1とある場合は 6 章(1)番、およびその解説の部分に、p. 20とある場合は20ページに該当事項があることを示します。6—5⁽²⁾の場合は、その場所に該当事項に関する例文が2つあることを示します。

C＝補語，代＝代名詞，動＝動詞，副＝副詞，H＝被修飾語，助＝助動詞，関(関代)＝関係代名詞，形＝形容詞，M＝修飾語，M₁＝形容詞的修飾語，名＝名詞，O＝目的語，O′＝間接目的語，P＝述語，p.p.＝過去分詞，S＝主語，S′＝意味上の主語，V＝動詞，前＝前置詞；to―，―ingの―は、動詞の原形がその部分に入ることを示します。

A・B

about 6—1,2,3
after p. **20**;19—1,9
all 所有格 (the) 名 5—7
ˣany…not 17—8,11
as 19—12,13
〈V＋〉away 6—4
〈V＋〉back 6—5⁽²⁾,7—11
be ―ing(＝動名詞) p. **45**；12—6,9⁽²⁾；14—11；15—4
be ―ing(＝進行形) p. **45**；12—7,8；13—4
be 形 2—8,16；3—5；4—11,12,15,17；8—1
be… 形(old,etc.) 3—12⁽²⁾
be 名と be 形 2—8
be p.p. 3—6；7—9；16—3
be p.p. 形 8—10
be p.p. 名(＝C) **35**；8—9⁽²⁾,8—11；10—2
be p.p. 名(＝O) **33**；8—10
be to―(C・助) 1—6；p. **57** 注；15—4；17—10
〈not…〉because 17—7
before 19—4⁽²⁾,5
〈not…〉both 18—5
部分否定 p. **69**
文否定 p. **65,69**
文型 8—1
　第 1 p. **30**
　第 2 p. **30,31**；8—3
　第 3 p. **30**
　第 4 p. **34**
　第 5 p. **34**
分類にこだわるな 14—9,10；
　p. **57,61,93** 注

C ～ H

〈not ＋〉分詞構文 17—2
分詞構文 10—7；p. **45**；12—2⁽²⁾,12—5,13—6；p. **52**；14—5,6
by (p.p.の目じるし) p. **37**⁽²⁾,10—6,9

CとO p. **30**
直説法 p. **40**；11—1,2⁽²⁾,3,4,7,8,11,12
同格 14—6
同格名詞節 p. **77**；18—4；20—2,3,5,8,10；23—6
〈not ＋〉動名詞 17—3
〈S′＋〉動名詞 p. **52**；14—7
動名詞(＝S) p. **45**；12—1,4,6,9⁽²⁾；p. **49**；13—7
down (副・前) 6—6,7
enough[…]to― 2—8；3—10；4—5,6
except 19—2
for…to― 3—11；15—3；16—4,6,11,12⁽²⁾
副詞→形→名 2—9,4—1
副詞句 p. **20,23,73**
副詞節 12—4；23—10；p. **92**；24—2,3,4,7,10,12；p. **95** 注
-ful 2—18,19
疑問副詞 23—9,11
疑問形容詞 p. **83**；23—6
語否定 p. **65**
had p.p. p. **41**；11—4,5,8,10,11
having p.p. (＝動名詞) 17—3
品詞の決め方 p. **6,10,14**

〈前〉how SV 1—19；19—9

I

〈have no〉idea 疑問詞節 18—4,23—6
〈V〉 if (＝名詞節) 11—8；p. **92**；24—5
ifの省略 11—13
if…had p.p. p. **41**；11—5,10,11
if… 仮定法過去 p. **40**；11—6
if…should 11—7
意味上の主語 ⇨ for…to―
p. **45**；12—5；p. **52**；14—5,6,7⁽²⁾,9,10；15—10
in (…の点で) 2—16；4—11；4—17
〈名←〉―ing p. **52**；ˣ12—5；14—1,2,ˣ8
―ingではじまる文 p. **45,57**
―ing(＝分詞)＋名詞 (＝O) 13—4,5,6；14—2,3
―ing(＝分詞)→名詞 p. **49**⁽³⁾；13—2,4,11
―ing(＝動名詞)＋名詞(＝O) p. **49**；13—7⁽²⁾,8,9
―ing(＝動名詞)→名 p. **49**；13—3,5,9
it…for…to― 15—3；ˣ16—11
it is 副詞[句・節]that p. **81**；21—5,8
it is 形 that 4—2；p. **81**；21—1,4
it is 名 that (＝強調構文) p. **81**；21—3,6,7
it is no good ―ing 4—10

it is p.p. that p. **81**
it 自動詞 that p. **80**(2)
it（形式主語）…that p. **81**, **81**(2)
it（形式目的語）… that 3－3
it…to－ 2－13,15－3,24－7
it…who 23－4
it…why 23－12

J・K

〈時制と〉自(他)動詞 7－2,8－1
〈受動態と〉自(他)動詞 7－9,10
〈助動詞と〉自(他)動詞 8－2
自動詞と他動詞 p. **26,30**；7－1,2,4；8－5
助動詞の過去＋原形 p. **40**；11－6,7，；15－9
助動詞の過去＋have p.p. p. **41**；11－3,5,10
just（副・形）4－10,11
過去形と主語 p. **37**
過去と過去分詞 p. **37**；10－3
〈先行詞の〉関への代入 7－14；p. **77**；20－4,21－7；22－7；23－7
関代（＝主格）20－1；23－3
関代（＝目的格）7－14；p. **77**；20－2,3；22－7；23－7
関…前 6－9,20－6,23－1
関係形容詞 p. **83〜87**
関係副詞 p. **88**
冠詞と名詞 4－1；5－6,9,10；p. **44**；17－5；p. **87** 注
〈過去の漠然とした仮定〉11－11
〈かくれた〉仮定 11－3,10,14；15－9
仮定法 p. **40**
keep 8－8(2)；14－4

形と目的語 p. **20**
形 to－ 1－18；3－8；4－2,20；p. **58** 注；15－8；p. **92**
形容詞句 p. **20,73**
形容詞節 22－7；23－1,5,8,10；p. **88**
コンマ 10－6；11－5；16－3；22－8,10
共通関係
（S＋V）＋（S＋V）12－9；15－1
S(VO＋VO) 1－2
(M＋M)S＋V 13－6
A and (M) B 19－8,14

L・M・N

lay 7－1,6
leave 8－6,7,10；9－10
like 2－6；5－3,4(2)
-ly 4－1(2)
〈H（＝S）…〉M 20－8,9；23－5,10
前からの読み方 12－4；24－2
make 1－5,6；8－5；9－7
命令法 2－1；3－8；4－18；19－1,6；24－5,10
名詞の用法 p. **20**
名詞の副詞的用法 p. **96**
名詞→名詞 p. **49**,p. **96**
名詞節 11－8；23－×1,2,3,4,6,9,11,12；p. **92**；24－5,6,8,9,11
mind 1－7,8；14－9
near 5－5,6
never 17－11；18－6,10
日本語から考える誤り 2－8；7－3；8－7；10－4；p. **69**；18－12
no…(＝S) 17－8,9；18－8(3), 11
no matter…22－6；×24－10,

12
not…any 17－8,10,11；p. **70**；18－9(2)
nowhere 17－10

O 〜 S

O＋C→S＋P 2－2；4－8；－3(2),4,×5,7,×8；9－2,5,6,8,9,10,11(2)
O′≠O p. **34**；9－1,3,4,7,10,12
off 6－10,11；12－11
on p. **23**；6－12；13－2；14－5；19－7
out 10－1,13
〈名←〉p.p. p. **37**；10－5,9；14－5
p.p.→名 10－1,6
p.p. that 17－3；p. **93**；注
right 2－13,14；4－17,18
S（三単現）1－15；3－11；7－6；p. **41**；24－10
S′ －ing（＝分詞構文）14－5,6
S p.p.…V p. **38**；10－4,6,9
SVに外からかかる p. **45,57,61**；22－6；p. **92**
(s＋v) S＋V 19－2,3,11
S＋V (s＋v) S＋V 20－10
先行詞 p. **77**
所有格 5－2,6；p. **52**；13－7；p. **87** 注
so…that p. **80**；24－2
「その」の二義 22－11
such […] that 24－3

T 〜 V

〈目的語を持たないように見える〉他動詞 7－10,14,15；p. **30**；15－9；21－7
他動詞と自動詞 p. **23,26**

that（＝接）と名詞節 p. **77**, **81**；24－1
〈名 ←〉to－ 7－15；13－11；p. **61**；16－1,3,4[(2)],6,7,8,10,11
to－ではじまる文 p. **57**；15－1,2
to－（副詞的用法）
　（結果）15－7,16－5
　（目的）p. **57**；15－2,6；p. **61**；16－2,12
up p. **23**[(2)]；6－15；7－12；13－10
V －ing（＝O） p. **46**；12－11；14－9
V －ing（＝現在分詞） p. **46**；12－10
V 形 2－6,10；3－8；7－5；p. **30**；8－8；18－2[(2)]
V 名 p. **26**,**30**
VO 1－9；2－1,4,9；3－2,7
VO －ing 1－16；3－2；12－10；14－3,4,9
VO 形 2－2,15；3－3；4－8；p. **34**；9－5,8
VO 名（＝C）8－9[(2)],9－2,5,6,8,9,10,11
VO′ 名（＝O）2－5；8－9[(2)]；p. **33**；9－1,3,4,7,12
VO to－ p. **58**；15－10；22－8；23－7
V p.p. 7－11；10－2[(2)]
V that 11－2,12；24－9[(2)]；p. **92** 注[(2)]
V to－ 14－10；15－6,7；p. **57** 注[(2)]

W・Z

〈V〉what 1－8, p. **83**[(2)]
〈前〉what 19－9
what（関）p. **83**；22－2
what little 22－1[(2)]
what＋名…（＝名詞節）p. **83**[(2)]
whatever 22－3；24－11,12
whatever 名 22－6
when（副詞節）12－4；23－10
　（形容詞節）23－10
　（名詞節）24－6[(2)]
where（副詞節）24－7
　（形容詞節）p. **83**；23－8
　（名詞節）p. **83**；18－4
whether 19－9；24－4,5
which（関係形容詞）22－8,10
which（関係形容詞）と whose 22－11
who（名詞節）23－3,4
whoever 24－9,10
with O －ing 14－7,8
with O p.p. 14－7
〈…は…〉を…する 7－3,7；8－5
〈目的語を持たないように見える〉前置詞 5－4；6－9；20－6；21－6；23－1
前置詞の用法 p. **20**,**23**,**73**
前置詞→名 1－5,9；11－1,2[(2)],4
前置詞＋名－ing p. **52**[(2)],14－2
前置詞＋－ing 名 13－2
前置詞 no 名 17－11,12；18－9
全体否定 p. **69**

伊藤和夫

1927〜1997年。駿台予備学校英語科講師、同主任教授、学校法人駿河台学園理事などを歴任。『新英文解釈体系』をはじめ、『基本英文700選』『英文解釈教室』『ビジュアル英文解釈』など数多くの著書がある。
英文法の枠組を英文解釈に利用可能な形で取り入れた読解法は「構文主義」と呼ばれ、受験英語のみならず、日本の英語教育全体に非常に大きな影響を与えた。

英文法どっちがどっち
単語の品詞がわかる本

2014年 8月20日　初版発行
2014年10月24日　2刷発行

著　者	伊藤和夫
発行者	左田野　渉
発行所	株式会社 復刊ドットコム
	〒150-0036 東京都渋谷区南平台町16-17 渋谷ガーデンタワー
	電話 03-6800-4460(代)　http://www.fukkan.com/

復刻版装幀　D.C. カンパニー（葛籠貫智宏）
印刷・製本　株式会社 暁印刷

©Masao Itou 2014
ISBN978-4-8354-5102-2 C7082　Printed in Japan

乱丁・落丁本はお取替えいたします。
本書の無断複製（コピー）は著作権法上での例外を除き、禁じられています。
定価はカバーに表記してあります。

※本書は、1993年に一竹書房より刊行された『英文法どっちがどっち』を底本に復刊いたしました。

1
(A) あなたの人生の目的は何ですか。
(B) ヘンリーは，偉大な学者になることが目標である。

2
(A) その書類はまん中で引き裂かれていた。
(B) 彼は背丈が並以下の男だ。

3
(A) 彼は90まで生きた。
(B) 生きているクジラは見たことがない。

4
(A) 父は早起きです。
(B) 父は，朝早く起きます。

5
(A) 彼からは，その後何年も手紙が来なかった。
(B) 何年ぶりかで彼から手紙が来た。

6
(A) 彼は帽子をかぶった。
(B) 彼はベンチに座った。

7
(A) 7時にベルが鳴ります。
(B) 彼らは，7時にベルを鳴らします。

8
(A) 彼は，ある先生を尊敬した。
(B) 彼は，先生になった。

9
(A) 彼はジーンのために椅子を作った。
(B) 彼はジーンを妻にした。

10
(A) 彼らはその子が描いた絵をほめた。
(B) フォックスという名の人が，そのための支払いをした。

11
(A) 明日，忙しくなければ，彼を訪ねよう。
(B) 忙しくなければ，彼を訪ねるのに。

12
(A) いつも正直なので，彼はみなに信用されている。
(B) いつも正直でいることは，必ずしも容易ではない。